EXTRAITS DE L'EXAMEN

DES

RAPPORTS ANNUELS

DE

MM. LES INSPECTEURS GÉNÉRAUX

DU

CONTROLE DE L'EXPLOITATION DES CHEMINS DE FER POUR L'EXERCICE 1868

EN CE QUI CONCERNE PLUS SPÉCIALEMENT LE SERVICE
DES PONTS ET CHAUSSÉES

PAR

M. MANIEL,

INSPECTEUR GÉNÉRAL DES PONTS ET CHAUSSÉES,
SECRÉTAIRE DU CONSEIL.

PARIS

DUNOD, ÉDITEUR,

SUCCESSEUR DE Vᵉ DALMONT,

Précédemment Carilian-Gœury et Vᵉ Dalmont,

LIBRAIRIE DES CORPS DES PONTS ET CHAUSSÉES ET DES MINES,

Quai des Augustins, n° 49.

—

1872

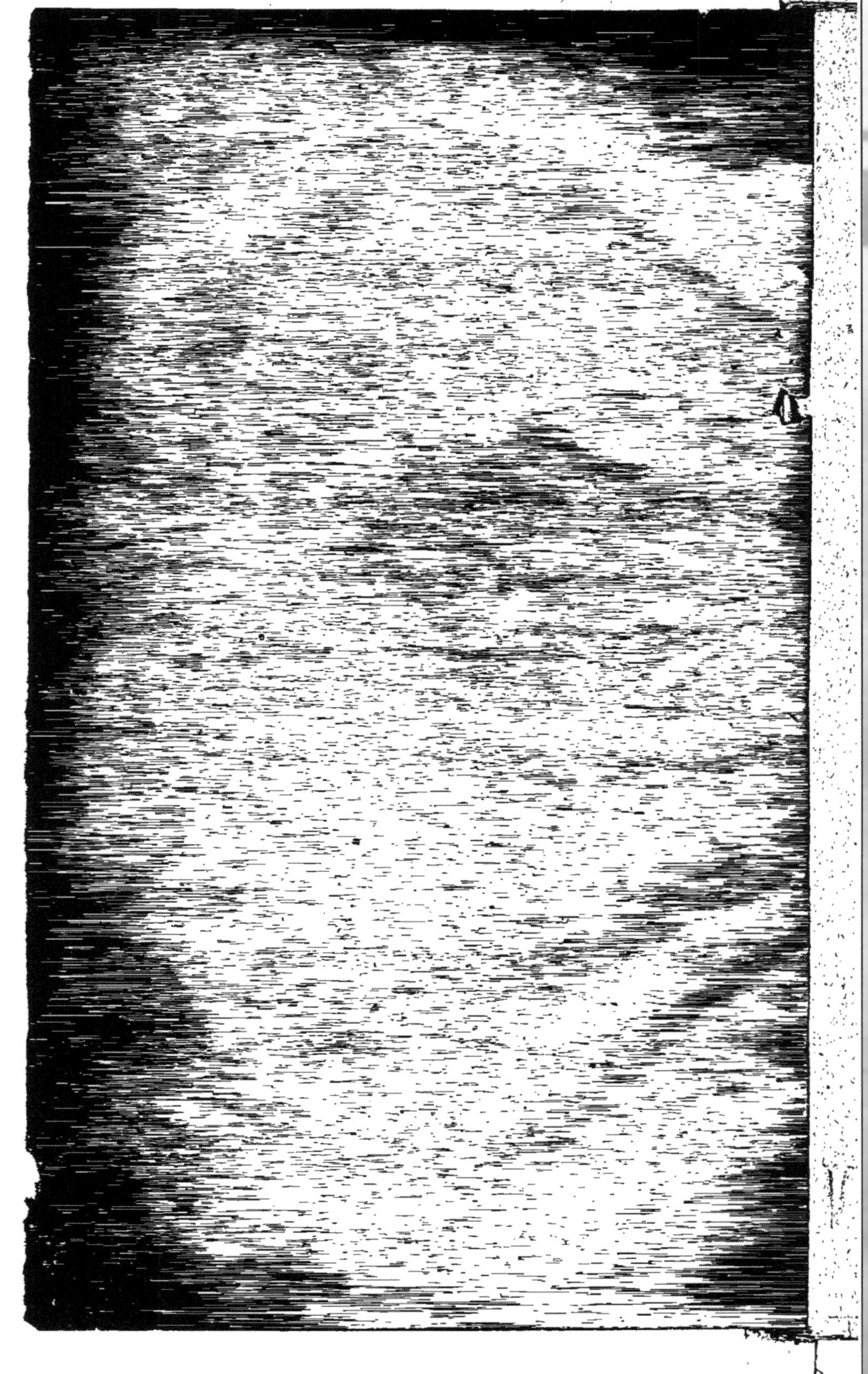

EXTRAITS DE L'EXAMEN

DES

RAPPORTS ANNUELS

DE

MM. LES INSPECTEURS GÉNÉRAUX

DU

CONTROLE DE L'EXPLOITATION DES CHEMINS DE FER POUR L'EXERCICE 1868

EN CE QUI CONCERNE PLUS SPÉCIALEMENT LE SERVICE
DES PONTS ET CHAUSSÉES

PAR

M. MANIEL,

INSPECTEUR GÉNÉRAL DES PONTS ET CHAUSSÉES,
SECRÉTAIRE DU CONSEIL.

PARIS

DUNOD, ÉDITEUR,

SUCCESSEUR DE V^{or} DALMONT,

Précédemment Carilian-Gœury et V^{or} Dalmont|

LIBRAIRIE DES CORPS DES PONTS ET CHAUSSÉES ET DES MINES,

Quai des Augustins, n° 49.

—

1872

745 — Paris. — Imprimerie GUSSET et Cᵉ, rue Racine, 26.

EXTRAITS DE L'EXAMEN

DES

RAPPORTS ANNUELS

DE

MM. LES INSPECTEURS GÉNÉRAUX

DU

CONTROLE DE L'EXPLOITATION DES CHEMINS DE FER POUR L'EXERCICE 1868

EN CE QUI CONCERNE PLUS SPÉCIALEMENT LE SERVICE DES PONTS ET CHAUSSÉES (*).

I. — Exposé.

Le décret du 15 février 1868, qui a placé le service du contrôle et de la surveillance des chemins de fer sous la direction d'inspecteurs généraux des ponts et chaussées et des mines, porte :

« Art. 4. L'inspecteur général adresse au ministre des « travaux publics un rapport annuel ayant pour objet de « rendre compte de la situation du service et de constater « notamment l'état de la voie ; — l'état du matériel fixe et « du matériel roulant ; — le nombre des agents attachés au « service de la voie, du mouvement et de la traction ; —

(*) Des circonstances de force majeure ont retardé l'insertion de ce travail. Mais on y retrouve l'empreinte encore chaude de l'homme dont la mort prématurée a laissé un vide si profond dans le Corps des ponts et chaussées.

« ainsi que l'exécution des règlements relatifs au personnel ;
« — les causes et les circonstances des accidents sur-
« venus pendant l'année ; — les progrès de l'exploitation
« technique.

« Art. 5. Le rapport de l'inspecteur général est soumis
« au conseil général des ponts et chaussées, au conseil gé-
« néral des mines et au comité consultatif des chemins de
« fer qui donnent, chacun pour ce qui les concerne, leur
« avis sur les diverses parties du service.

« Le rapport et, s'il y a lieu, les avis dont il aura été
« l'objet sont insérés au *Moniteur*. »

En exécution de ces dispositions, les rapports suivants
ont été rédigés pour l'année 1868 et transmis au conseil
général des ponts et chaussées :

1° Rapport de M. Diday, inspecteur général des mines,
sur le réseau des chemins de fer du Nord ;

2° Rapport de M. Thoyot, inspecteur général des ponts
et chaussées, sur le réseau des chemins de fer de l'Est ;

3° Rapport de M. Couche, inspecteur général des mines,
sur le réseau des chemins de fer de Paris à Lyon et à la
Méditerranée ;

4° Rapport de M. Dufresne, inspecteur général des ponts
et chaussées, sur le réseau des chemins de fer de Paris à
Orléans ;

5° Rapport de M. Duparc, inspecteur général des ponts et
chaussées, sur le réseau des chemins de fer de l'Ouest ;

6° Rapport de M. Jacquemet, inspecteur général des ponts
chaussées, sur le réseau des chemins de fer du Midi.

Le ministre, en demandant l'avis du conseil, conformé-
ment à l'article 5 précité du décret du 15 février 1868, fait
remarquer que chacun des rapports a été dressé suivant les
vues personnelles de son auteur, de telle sorte que l'ensemble de ces documents ne présente pas l'uniformité désirable. Il appelle, en conséquence, l'attention du conseil sur
l'opportunité qu'il pourrait y avoir de former une commis-

sion spéciale, prise dans le sein du conseil général des ponts et chaussées et du conseil général des mines, et qui serait chargée d'étudier, de concert avec les inspecteurs généraux du contrôle, les bases du programme suivant lequel les documents dont il s'agit devraient être préparés à l'avenir.

Pour répondre aux demandes de Son Excellence, nous présenterons successivement l'analyse des diverses matières traitées, en rapprochant les rapports les uns des autres et en faisant suivre chaque partie des observations qu'elle suggère.

II. — Organisation du contrôle.

Quelques rapports rendent compte de la nouvelle organisation du contrôle :

Depuis le décret de février 1868, ce service, pour chaque réseau, est placé sous les ordres d'un inspecteur général des ponts et chaussées ou des mines ; cette mesure a été prise pour mieux répondre aux intérêts du service qui forçaient, en certains cas, de scinder les lignes entre plusieurs ingénieurs en chef, et aux relations avec les compagnies qui mettent souvent à la tête de leurs services des ingénieurs pris au plus haut degré de la hiérarchie.

Les inspecteurs des services commerciaux sont, depuis le décret, placés directement, comme les ingénieurs des ponts et chaussées et des mines, sous les ordres des inspecteurs généraux. En même temps, le contrôle des ingénieurs a été rendu plus immédiat, en rattachant, dans une certaine mesure, le service du contrôle du chemin de fer au service ordinaire du département.

Cette organisation ne se présente, du reste, avec tous ses éléments, que sur un seul réseau, celui de Paris à Lyon et à la Méditerranée, qui est en même temps le plus étendu. Là, le service confié à un inspecteur général des mines se divise en cinq sections d'ingénieurs en chef, dirigées res-

pectivement par trois ingénieurs en chef des ponts et chaussées et un ingénieur en chef des mines. Pour la cinquième,
l'inspecteur général fait fonctions d'ingénieur en chef.

Neuf ingénieurs ordinaires des ponts et chaussées, neuf
ingénieurs ordinaires des mines, dix-neuf conducteurs
des ponts et chaussées, seize gardes-mines et dix-neuf
agents secondaires sont spécialement préposés au contrôle de la voie et de ses dépendances, du matériel fixe et
roulant.

Deux inspecteurs principaux et un inspecteur particulier s'occupent spécialement de l'exploitation commerciale.

Enfin cent huit commissaires de surveillance complètent
le service.

Sur les dix-huit ingénieurs des ponts et chaussées et des
mines et les trente-cinq conducteurs des ponts et chaussées
et gardes-mines, quinze ingénieurs ordinaires et dix-neuf
conducteurs ou gardes-mines sont en même temps chargés
d'un service ordinaire.

L'inspecteur général de ce réseau apprécie ainsi qu'il
suit cette organisation mixte :

« Elle permet, dit-il, de multiplier le personnel, d'assu-
« rer ainsi l'action immédiate et la promptitude des en-
« quêtes sur les accidents, tout en utilisant complétement
« le temps et l'aptitude de beaucoup de fonctionnaires qui
« n'auraient pas trouvé une occupation suffisante dans une
« circonscription nécessairement restreinte du chemin de
« fer. Il y a cependant à cet égard, ajoute-t-il, une limite
« en dehors de laquelle on ne saurait descendre sans in-
« convénient. Par sa nature spéciale, par la marche rapide
« qu'il réclame dans l'expédition des affaires, le service du
« contrôle exige, chez ceux qui sont appelés à y prendre
« part, une continuité d'action et de préoccupation qui
« exclut un trop grand morcellement. Ce service se conci-
« lie bien avec les autres fonctions des ingénieurs et de
« leurs auxiliaires, mais à une condition, c'est qu'ils ne

« soient pas appelés à s'en occuper seulement d'une ma-
« nière accidentelle et *à bâtons rompus.* »

Comme aucune réserve n'est formulée à cet égard par les
autres inspecteurs généraux, on doit en conclure que les
mesures prises pour rendre ainsi l'action du contrôle plus
immédiate ont atteint le but que l'on se proposait sans
tomber dans l'inconvénient dont M. Couche signale avec
raison le danger.

III. — SUBSTRUCTURE.

Réseau du Nord. — Le rapport signale les travaux principaux qu'a exigés l'entretien de la substructure. On peut
résumer ainsi qu'il suit les indications principales :

Terrassements. — Des consolidations de tranchées et de
remblais ont été nécessaires sur la ligne de Boulogne à Calais. Quelques travaux importants de même nature ont été
exécutés sur la ligne d'Amiens à Rouen.

Ouvrages d'art. — Le seul ouvrage d'art important qui
ait demandé des réparations méritant d'être signalées est le
viaduc de Chantilly. Quatre arches, construites avec des
matériaux de mauvaise qualité, ont dû être restaurées.

Réseau de l'Est. — *Terrassements.* — Le rapport men-
tionne surtout des drainages de tranchées, du sous-sol des
remblais et du corps de quelques remblais. Les remblais
argileux tassent surtout au milieu. Le mode de réparation
a consisté pour ce cas en pierrées ayant leur point de départ immédiatement au-dessous du fond du creux et se
dirigeant en pente vers les talus, où l'eau s'épanche par des
caniveaux ou sur une surface bien gazonnée.

Ouvrages d'art. — Les travaux ordinaires de l'année ont
consisté en rechargement d'enrochements, ancrages, réfection de chapes, établissement de radiers, pose de plaques

de fonte sous poutres métalliques pour faire cesser le mar-
telage des sommiers en pierre.

Les constructions en bois (de la ligne du Mourmelon) ont
exigé des soins particuliers d'entretien et des précautions
contre l'incendie. Une conduite forcée, alimentée par un ré-
servoir, s'étend sur toute la longueur de l'estacade, du pont
de la Marne et du canal au tunnel de Genevreuille (ligne
de Paris à Mulhouse). Par suite du gonflement du gypse,
il se produit un soulèvement de fond qui était de $0^m.45$
par an. Une galerie d'assèchement établie à 8 mètres en
contre-bas des rails a réduit ce soulèvement à $0^m.08$; par
suite, les mouvements des pieds-droit ont diminué.

On a établi au tunnel de Montmédy (ligne de Charleville
à Thionville) une galerie voûtée sur la gauche pour re-
cueillir des eaux d'infiltration très-abondantes.

Clôtures. — Le rapport constate que sur l'ensemble du
réseau, la clôture en haie vive occupe une longueur totale
de 2 653 kilomètres. La clôture sèche à dû être maintenue
dans quelques traversées de forêts et dans des terrains
trop infertiles et s'étend sur 1 031 kilomètres.

On signale la réussite de clôtures fruitières en espalier
dont l'essai remonte à trois ans.

Réseau de la Méditerranée. — La partie du rapport qui
traite de l'entretien de la substructure débute ainsi :

« Les travaux d'art et les terrassements ont été exécu-
« tés sur tout le réseau avec un soin, une perfection même
« dont l'exploitation recueille les fruits. L'économie qu'on
« s'est justement attaché à introduire sur les lignes secon-
« daires à faible trafic, a été obtenue par une latitude
« beaucoup plus grande admise dans le tracé (latitude in-
« dispensable d'ailleurs dans beaucoup de cas par suite de
« la configuration du sol); par le choix judicieux des types
« d'ouvrages, des matériaux et de leur mode d'emploi,
« mais jamais aux dépens de la solidité des ouvrages, aussi
« complète sur les nouvelles lignes que sur les anciennes.

« Si souvent animés, comme leurs collègues de l'État, d'une
« tendance à un luxe inutile, d'une prédilection systéma-
« tique pour les solutions coûteuses, les ingénieurs de
« la compagnie ont prouvé qu'ils savaient faire à l'éco-
« nomie la part si légitime, si nécessaire même qui lui
« appartient. »

Terrassements. — Il a fallu réparer les dégâts produits
par des pluies torrentielles après une sécheresse prolongée
(ligne de Villefort). Il a fallu refaire, en les surélevant, des
remblais qui ont été surmontés par l'Arc (ligne du Rhône
au mont Cenis, travaux faits par la compagnie du Victor-
Emmanuel).

Ouvrages d'art. — On a dû reconstruire avec de plus
grandes ouvertures ou de nouvelles précautions plusieurs
ouvrages d'art que l'Arc avait détruits (ligne du Rhône au
mont Cenis, travaux de la compagnie Victor-Emmanuel).

Réseau d'Orléans. — *Terrassements.* — Sur la ligne d'Au-
rillac, la circulation a été interrompue pendant quelques
jours. A la suite de grandes pluies, les eaux ont provoqué
des éboulements et des glissements considérables. Les réparations ont été bien et rapidement exécutées. Des travaux
préventifs ont été en outre exécutés pour prévenir autant
que possible le retour de pareils accidents.

Ouvrages d'art. — Les travaux de réparation n'ont eu
aucune importance.

Réseau de l'Ouest. — *Terrassements* — A l'égard des terrassements, les travaux ont consisté en perrés, murs de sou-
tenement et plantations suivant les cas, en rechargements
dans les marais d'Isigny. Le rapport constate qu'il ne se
manifeste plus de tassements dans ceux de Carentan.

Ouvrages d'art. — Les ponts en charpente sont arrivés
au terme de leur durée ; on les remplace par des tabliers en
tôle. A Caen, on a dû reconstruire la travée en tôle du pont
des Abattoirs, dont les formes avaient subi une déformation
inquiétante.

Clôtures. — On signale de fréquents bris de clôture par des bestiaux qui s'introduisent sur la voie. (Voir au chapitre des accidents.)

Réseau du Midi. — *Terrassements.* —Entre Bayonne et Hendaye, des terrassements que l'on croyait tout à fait assis ont éprouvé de grands éboulements par l'effet des pluies à la suite d'une longue sécheresse qui avait fortement crevassé le terrain. Il s'est produit des tassements importants dans les marais de Barthe à vase sans fond (ligne de Toulouse à Bayonne, entre Peyrorade et Bayonne). Quoique cette partie de ligne soit en exploitation depuis quatre ans, l'équilibre ne s'est pas encore établi entre la résistance du sous-sol et la charge qu'il porte. On signale des constructions de murs de soutènement.

Ouvrages d'art. — Le rapport constate la remise à la ville de Bordeaux de la passerelle accolée au pont sur la Garonne ; les suintements du pont sous le canal à Agen qui se sont montrés dès l'origine et qui, quoique importants, ne sont pas dangereux.

La plupart des ponts métalliques de Bordeaux à Bayonne ont été réparés. — On a substitué des tabliers en tôle à d'autres en charpente sur la ligne de Graisséssac. On a dû donner des soins particuliers aux ponts des marais de Barthes (ligne de Toulouse à Bayonne) qui flottent en quelque sorte, sans fondations spéciales, sur la vase du fond.

Clôtures. — Les clôtures avec pieux et lisses de $0^m.10$ de largeur pourrissent rapidement. On les remplace par des piquets plus séparés, reliés par quatre rangs de fil de fer horizontaux (type adopté). Les clôtures fruitières sont à l'essai sur le réseau. Les clôtures présentent une continuité satisfaisante interrompue seulement par quelques lacunes momentanées dues à des incendies.

Observations. — Tous les rapports signalent le bon état des lignes et les soins donnés par les compagnies à l'entretien.

Il y a toujours intérêt à rappeler les conditions de bonne construction des ouvrages : grande solidité et économie; bons types sans luxe.

Le rapport sur le réseau de la Méditerranée constate que là ces conditions sont remplies. On peut dire qu'on y a satisfait généralement pour tous les réseaux, sauf de rares exceptions. Cela devait être, car ces conditions étaient depuis longtemps dans les traditions des ingénieurs de l'État qui ont généralement formé le personnel des compagnies.

IV. — GARES, STATIONS ET BATIMENTS DIVERS.

L'entretien simple n'est pas ce qui doit ici fixer l'attention. Il est partout signalé comme satisfaisant et ne comporte guère de détails instructifs.

L'important se trouve dans la construction de gares définitives, là où l'on n'en avait établi que de provisoires, et dans les travaux d'agrandissement exécutés pour mettre les gares et stations anciennes en rapport avec le trafic acquis déjà et avec l'accroissement probable du mouvement des voyageurs et des marchandises. Une énumération succincte donnera l'idée de ce qui a été fait en 1868.

Réseau du Nord. — A Lille, continuation de la gare nouvelle des voyageurs qui est très-avancée. Modification importante à Boulogne à cause de l'ouverture de la ligne de Calais. Remaniement complet de la gare d'Amiens, par le même motif et surtout à cause des nouvelles lignes d'Amiens à Rouen et à Tergnier. Bâtiments définitifs à huit stations.

Réseau de l'Est. — On signale des modifications pour amélioration de service. Construction d'annexes. Développement de quais sans en donner la nomenclature pour ne pas faire double emploi avec les rapports mensuels. Tous les projets, dit le rapport, ont été préalablement soumis, suivant leur degré d'importance à l'approbation supérieure ou à l'adhésion de l'inspecteur général.

Réseau de la Méditerranée.—Le rapport ne donne aucune indication à cet égard.

Réseau d'Orléans. — Reconstruction de la gare de Paris. — Bâtiment des douanes et clôture de la gare d'Ivry. — A la gare de Paris (Montrouge), agrandissement pour les marchandises et le matériel. — Construction définitive et agrandissement de seize gares, parmi lesquelles Orléans, Tours, Angoulême, etc. — Compléments moins importants, marquises et accessoires dans diverses autres gares et stations.

Réseau de l'Ouest. — Agrandissement de la gare de Paris. — Suppression des tunnels de la place de l'Europe et troisième voûte sous les Batignolles. — Remaniement complet des voies, etc. — Construction, agrandissement ou remaniement de neuf autres gares.

Réseau du Midi. — Des agrandissements plus ou moins considérables ont été faits dans un grand nombre de gares. Les plus importants concernent les gares de Bordeaux, Agen, Toulouse, Béziers, Cette (bassin maritime). La gare de Saint-Jean, à Bordeaux, est encore à l'état provisoire et elle va recevoir des agrandissements de même nature. Quoique cette situation laisse à désirer, comme le service n'en souffre pas essentiellement, il y a lieu d'attendre pour exiger une gare définitive que la gare actuelle soit hors de service.

L'inspecteur général regrette, dans l'intérêt de l'exploitation, que sur plusieurs lignes secondaires, la compagnie ait renoncé à loger les chefs de station.

Observations.— Les rapports montrent qu'on a beaucoup fait pour les stations en 1868; mais il reste beaucoup à faire. Les comptes rendus sont assez explicites à cet égard.

On aurait été bien aise d'y trouver aussi des relevés de faits qui seraient de quelque utilité pour l'avenir.

Une station qu'on est amené à agrandir donne, jusqu'à

un certain point, la mesure de sa puissance actuelle. Des rapprochements faits à ce moment entre l'étendue des établissements et le trafic ou le service correspondant fourniraient des enseignements précieux.

Il y aurait également utilité à faire ressortir les types les plus importants qui prévalent, comme aussi les innovations qui surgissent. Dans ces dernières années, par exemple, l'augmentation du trafic a conduit à développer à part, ou du moins en dehors des voies ordinaires, des services de triage de wagons, de composition ou de décomposition des trains. Les rapports se taisent en général sur ces questions, peut-être parce qu'elles ont trait plus particulièrement à la construction, et que, par rapport à l'exploitation, le besoin constaté est la meilleure base d'appréciation.

Le rapport sur le réseau de l'Est donne toutefois, parmi ses annexes, des tableaux (n° 6) qui touchent à ce sujet. Ces tableaux présentent, pour les gares les plus importantes du réseau, les superficies totales et couvertes tant pour le service des voyageurs que pour le service des marchandises, le nombre de changements et de croisements de voies; celui des plaques tournantes de divers diamètres et des chariots pour voitures; des réservoirs des grues hydrauliques, le nombre et la force des appareils de chargement.

Des travaux analogues seraient à fournir pour chaque ligne, surtout pour les grandes gares et celles dont l'agrandissement partiel ou total devient nécessaire; mais il faudrait détailler davantage les données. Il ne serait pas sans intérêt, par exemple pour les marchandises, de considérer les arrivages et les départs séparément, en mettant toujours en regard le trafic correspondant. Des relevés analogues pour les ateliers, remises du matériel, etc., sans oublier le développement successif des diverses catégories de voies, ne seraient pas moins utiles.

V. — Entretien des voies.

L'entretien de la voie est signalé par tous les rapports comme étant l'objet de soins qui la maintiennent dans un état très-satisfaisant, au moins partout où le ballast est de bonne qualité.

Réseau du Nord.—*Ballast.*— Sur plusieurs points de la ligne, le ballast trop sableux a été remplacé par du laitier qui a donné de très-bons résultats et a rendu l'entretien de la voie beaucoup plus facile.

Traverses. — On emploie, dans les parties où le mouvement est moins considérable, les traverses encore bonnes provenant des parties de voie refaites.

On a aussi employé à titre d'essai quatre mille traverses en tôle entre Saint-Ouen et Auvert, et sept cent soixante-douze entre Saint-Denis et Gonesse. Elles se sont bien comportées jusqu'à présent (on ne dit pas depuis quand) ; mais on ne peut pas émettre encore une opinion définitive sur l'emploi de ce genre de supports.

Rails et accessoires. — Le renouvellement partiel se fait avec des matériaux encore bons retirés des voies ou avec des matériaux neufs et de manière à conserver à la voie la plus grande homogénéité possible.

Réseau de l'Est. — *Ballast* — On reconnaît de plus en plus la nécessité d'avoir du ballast pur et très-perméable sur plate-forme bien asséchée. Depuis 1863, on a consacré 200 000 francs par an à remplacer le ballast friable ou terreux par du gravier bien pur ou de la pierre cassée très-également.

Traverses. — On emploie à l'entretien les bonnes vieilles traverses provenant des parties de voies réfectionnées, et par complément, des traverses neuves, mais le moins possible.

On a employé, faute de chêne, du hêtre préparé au sulfate de cuivre ; expérience faite, on se trouve mieux du hêtre préparé à la créosote ; le pin préparé à la créosote a été aussi mis en œuvre, mais on lui préfère le hêtre qui, plus dur, retient mieux les tire-fonds.

On a fait aussi quelques essais de traverses en fer de plusieurs profils. Ils ont assez bien réussi jusqu'à ce jour ; mais ces essais sont encore trop récents pour qu'on en puisse tirer aucune conclusion formelle.

Rails et accessoires. — On n'emploie plus maintenant de rails neufs pour l'entretien courant des voies anciennes ; on se procure pour cet objet une quantité suffisante de rails vieux encore bons en réfectionnant chaque année une longueur de voie suffisante. On maintient ainsi les voies anciennes dans un état aussi égal, et aussi satisfaisant que possible. Ce mode règle l'aménagement de la réfection.

Réseau de la Méditerranée. — *Ballast.* — On remplace le gravier de carrière trop argileux, soit par du gravier de rivière, soit par de la pierre cassée.

Traverses. — La compagnie de la Méditerranée a une des premières essayé les traverses en fer (type dit *de Fraisans*) ; mais le succès est médiocre ; la rupture des supports au droit des rails et les dislocations des attaches sont fréquentes. La compagnie n'a donc pas l'intention de développer cette expérience, dont la rapide détérioration des traverses en bois rendait le succès si désirable.

Réseau d'Orléans. — *Ballast.* — Le ballast laissant à désirer sur beaucoup de points où il était un peu terreux ou d'une nature argileuse, la compagnie s'est appliquée à réaliser à ce sujet une véritable amélioration, en remplaçant l'ancien ballast partout où il était défectueux par de la pierre cassée ou du sable de bonne qualité. En 1868, on a ainsi remplacé 320 000 mètres cubes.

Traverses. — Rien de particulier sur les traverses. On a employé, en 1868, cent quatre-vingt-dix milles traverses neuves.

Réseau de l'Ouest. — *Rails et accessoires.* — On change à temps les rails altérés.

Réseau du Midi. — *Rails et accessoires.* — Les rails défectueux ont été retirés et remplacés. La longueur de voie ainsi renouvelée proportionnellement aux longueurs totales, s'est maintenue pour les sections à deux voies entre $\frac{1}{82}$ et $\frac{1}{20}$, et pour les sections à une voie unique entre $\frac{1}{180}$ et $\frac{1}{135}$.

Le système des éclisses a été aussi amélioré. Les petites éclisses doubles précédemment en usage avaient l'inconvénient de permettre le décoinçage des rails par l'effet de la trépidation qu'occasionne le passage des trains. On leur a substitué de grandes éclisses simples qui maintiennent l'écartement entre les coussinets voisins des joints et qui, par suite, empêchent le décoinçage de se produire.

Observations. — La nécessité d'employer du ballast de bonne qualité est ce qui ressort le plus clairement de cette partie des rapports.

On le recherche bien perméable. Le sable et le gravier très-purs, le laitier, la pierre cassée également ont la préférence.

On repousse les matériaux friables ou terreux; ils retiennent l'eau et finissent par se transformer en boue sous l'influence de la pluie, en masses compactes sous l'influence de la gelée, toutes circonstances qui rendent l'entretien continu impossible ou très-difficile.

La question des traverses en fer est à l'ordre du jour; déjà en supposant une durée double, elles ne coûteraient guère plus cher que celles en bois; bientôt sans doute elles seront moins coûteuses. En tout cas, elles donneront des facilités d'approvisionnement précieuses.

Obtiendra-t-on, avec de telles traverses, une voie suffisamment douce et de bonnes garanties pour la sûreté de la circulation? On peut l'espérer. Ces questions, du reste, seront bientôt élucidées par les essais que l'on tente et qui

pression momentanée de deux des contrefiches de l'étaye-
ment, étaient roulés dans le couloir longitudinal de 1^m.20 qui
restait libre entre les poteaux des fermes en charpente, et
l'on procédait à l'assemblage et aux rivures en réglant le niveau du tablier métallique à 0^m.75 plus bas que sa cote définitive, de manière à conserver aux riveurs un jeu convenable
d'environ 1 mètre entre le sol et le dessous des poutres, et
entre le dessous des poutres et le dessous du plancher qui supporte les voies. On apportait ensuite les entretoises faisant
corps avec les grands goussets des extrémités. On les met-
tait en place et on les rivait sur les poutres en facilitant
l'opération par le déplacement momentané et local de quelques poteaux ou contrefiches des étayements.

Toutes ces opérations s'exécutant au ras du sol, à hauteur d'homme, ont été plus faciles qui si elles eussent été
pratiquées dans les conditions des ponts construits à l'air
libre au moyen d'échafaudages assez élevés, de telle sorte
que l'assemblage des fers dans la partie étayée pour laquelle on présumerait généralement une plus-value, est
ressortie en réalité à un prix de revient plutôt inférieur que
supérieur à celui des parties du tablier situées en dehors
des étayements.

L'ensemble de l'ossature métallique, formée de dix pou-
tres (Pl. 2, *fig.* 1, n°s 10 à 19) et de neuf travées d'entretoises,
ayant été assemblé au niveau inférieur figuré en traits pleins
sur les coupes (Pl. 2, *fig.* 2, 3, 4), il fallait, pour l'amener
à sa position définitive, élever de 0^m.75 au milieu des étayements et d'un seul morceau, toute cette ossature qui re-
présentait un poids de 550 000 kilogrammes et des dimen-
sions de 41^m.30 de largeur sur 41^m.80 de longueur.

L'opération devait être conduite avec une parfaite régu-
larité afin de ne pas déranger les étayements supportant les
voies exploitées, et aussi de ne pas fatiguer les assemblages
de la construction métallique par des porte-à-faux qui ré-
sulteraient d'un montage irrégulier. Elle a été exécutée en

dix heures avec un plein succès sous la direction de M. Moreaux, ingénieur de la maison Cail, et des ingénieurs de la compagnie de l'Ouest, en présence des élèves de l'École des ponts et chaussées, le 20 mars 1868. Elle a nécessité l'emploi de quatre-vingts hommes seulement et de dix vérins d'une force de 30 000 kilogrammes chacun. La *fig.* 2, Pl. 2, figure la position des vérins et des calages successifs. Les dix vérins manœuvrés chacun par huit hommes armés de leviers en fer, étaient placés d'abord à gauche et soulevaient cette extrémité de 0^m.25. Reportés à droite, ils soulevaient l'autre extrémité d'abord de 0^m.25 (course des vérins), puis de 0^m.25 encore, soit en tout 0^m.50. Revenant à gauche, on montait encore de 0^m.50, puis à droite de 0^m.25.; en sorte qu'au moyen de quatre placements des vérins on avait franchi les 0^m.75. Dans le mouvement élévatoire, les pièces métalliques, poutres et entretoises trouvaient à travers les charpentes des vides parfaitement aménagés et ne nécessitaient aucun déplacement des étais. Par conséquent tout se passait sans gêner ni compromettre en rien la circulation des trains sur les voies.

Le gros de l'opération du montage ayant été effectué ainsi en un jour, on s'est occupé les jours suivants de régler parfaitement le tablier métallique au niveau voulu, en le faisant reposer solidement sur le sol au moyen de quatre files de supports provisoires en charpente. Ces files de supports portaient des coins de réglage, et les vérins servaient à soulever partiellement l'ossature métallique pour faciliter ce réglage. Les traits pointillés de la *fig.* 2, Pl. 2, figurent le résultat de ces opérations.

Antérieurement à l'assemblage et au montage du grand pont, on avait, à travers la galerie large voisine de la pile, amené, chacune en une seule pièce, les poutres du viaduc de 8 mètres que l'on tournait de 90 degrés en dérangeant momentanément quelques étais, puisque l'on faisait passer par-dessus la pile basse, pour les assembler immédiatement à leur niveau définitif avec leurs entretoises ; on appuyait momentanément cette ossature métallique sur les charpentes provisoires voisines de la pile, en attendant l'élévation de cette dernière.

Les tabliers métalliques du pont et du viaduc étant ainsi assemblés et réglés à leur niveau définitif, on a pu continuer les maçonneries de la culée du grand pont et celles de la pile séparative du pont et du viaduc et placer les pierres de taille et les plaques d'appui en fonte correspondant aux extrémités des poutres de ces deux ouvrages ; de telle sorte que le tablier du grand pont s'est trouvé reposant aux deux extrémités sur ses appuis définitifs (culée et pile en maçonnerie), et dans l'intervalle sur quatre files de supports provisoires en charpente.

Restait à remplacer ces supports provisoires par des colonnes en fonte qu'on devait fonder à une assez grande profondeur ($9^m.28$ en contrebas des longrines). Pour cela on aurait pu ouvrir à travers les étais des galeries blindées analogues à celle de la pile ; mais cette opération eût été difficile, eu égard à l'apport des libages et à la mise au levage des colonnes, le tout à travers les blindages ; elle eût été en tous cas coûteuse et compromettante pour la solidité des étayements supérieurs supportant les voies exploitées. Nous avons évité ces inconvénients en faisant reposer momentanément les voies, non plus sur les étayements, mais sur l'ossature métallique elle-même, laquelle reposant par ses extrémités sur la culée, en outre sur les quatre files intermédiaires de supports provisoires en charpente, permettait d'ouvrir entre ces supports de larges tranchées offrant toutes les facilités désirables pour les fouilles, les maçonneries de fondation et la mise au levage des colonnes.

§ 5. *Calage provisoire des longrines sur les fers, établissement des colonnes et construction des voûtes en briques et des chapes.* — La *fig.* 19, Pl. 3, représente la succession des opérations effectuées.

Comme les chapeaux placés sous les longrines établissaient une solidarité précieuse entre tous les éléments du plancher qui supporte les voies, on a conservé ces chapeaux le plus longtemps possible ; en conséquence, on a commencé par appuyer la totalité du plancher sur des cales placées entre les fers et les chapeaux, ainsi que cela est représenté à gauche et à droite de la *fig.* 19. Cela fait, on a ouvert librement les deux grandes tranchées pour les fouilles des colonnes ; on a exécuté les maçonneries de ces colonnes et dressé celles-ci sous les poutres.

Cette dernière opération était facilitée par la présence des chariots de dilatation qui surmontent les colonnes. D'ailleurs, pour arriver à régler suivant un niveau parfaitement fixe l'appui de toutes les poutres sur toutes les têtes des colonnes, il suffisait de donner, au moyen de quelques vérins, un léger surhaussement local à l'ossature métallique, dont l'élasticité était suffisante, malgré le poids des voies qu'elle supportait, pour se prêter à ce mouvement.

Le tablier métallique se trouvant dès lors appuyé définitivement sur la culée, la pile et les colonnes, on a enlevé les quatre files de supports provisoires en charpente, et après avoir donné préalablement deux couches de peinture au minium sur les fers, on a procédé à la construction des voûtes en briques et des chapes en allant du milieu du pont vers les extrémités.

Au fur et à mesure de l'avancement des voûtes en briques et du remplissage des reins en béton, on enlevait les chapeaux et l'on calait directement les longrines sur les fers (Pl. 3, *fig.* 19).

Les chapes devaient être formées : 1° d'une couche de mortier de chaux hydraulique de 0^m.03 d'épaisseur ; 2° d'une chape en asphalte d'une épaisseur égale exécutée en deux couches successives de 0^m.015 chacune. Ces opérations présentaient de très-grandes difficultés, puisqu'il fallait assurer toujours les calages sous les longrines, et que l'espace libre entre le dessus des chapes et le dessous des traverses était seulement de 0^m.70 en moyenne ; sous les longrines, il ne restait même que 0^m.35 de vide. Voici comment on a procédé : les longrines pouvant supporter les machines avec 3^m.40 de portée, on procédait à l'exécution des chapes par bandes transversales d'environ 3 mètres de largeur ; les matières étaient approchées au moyen de petits augets roulants ; le plancher correspondant à la bande de chape en construction était enlevé partiellement afin de permettre aux ouvriers courbés de se relever de temps à autre, et des gardes vigilants veillaient à la sécurité de ces ouvriers en les faisant rentrer dans leur sous-sol au moment du passage des machines.

Lorsqu'une bande de 3 mètres de largeur était finie, on reculait les derniers calages placés sur les fers en les faisant reposer sur la portion de chape exécutée ; on remplissait avec du béton de ciment le vide laissé par les calages supprimés ; et l'on attaquait une deuxième bande de 3 mètres, et ainsi de suite.

On donnait aux chapes des inclinaisons convenables pour assurer l'écoulement des eaux de suintement, soit vers les culées, soit vers les colonnes auprès desquelles on avait ménagé des descentes d'eau.

L'achèvement des maçonneries des culées en arrière de l'extrémité des poutres, l'enlèvement des étais et le remblai derrière ces maçonneries, ont donné lieu à des précautions analogues. (Voir Pl. 3, *fig.* 16, 17 et 18.)

Toutes les opérations que nous venons de décrire ont été d'ailleurs exécutées rapidement, savoir :

Les fouilles, les fondations et la mise en place des colonnes, en trois semaines, du 4 au 26 avril 1868.

Les voûtes en briques, les chapes et le remblai derrière les culées, en six semaines, du 10 mai au 25 juin 1868 ;

Le pont ayant été ainsi complétement terminé en sous-œuvre sous les voies, on a pu tout à son aise achever les déblais restant à faire en dessous, et l'on a procédé en même temps en dessus à l'enlèvement des longrines et au rétablissement des voies.

§ 6. *Enlèvement des longrines et rétablissement des voies.* — Après avoir enlevé les madriers du plancher, on a versé du ballast entre les longrines, et on a retiré celles-ci latéralement en bourrant à leur lieu et place du ballast sous les traverses. Ensuite on a abaissé les voies par parties successives de manière à les ramener à leur niveau primitif et à faire disparaître le relèvement provisoire de $0^m.35$ qu'on avait dû leur donner.

Cette dernière opération a nécessité un mois, du 25 juin au 25 juillet 1868, et elle a entraîné une dépense de 10000 fr. en main-d'œuvre, plus 4500 francs en fourniture de ballast.

Tableau résumé des dépenses.

Le tableau ci-après, qui résume les principales données et les prix de revient ou plus-values à compter pour les opérations que nous venons de décrire, fournira des bases d'appréciation utiles à la discussion d'avant-projets d'ouvrages analogues.

La longueur totale des voies, en nombre variable de huit à quatorze, conservées en service, longueur comptée seulement dans l'étendue de la surface à étayer, c'est-à-dire entre les arêtes des fouilles de culées, était de 750 mètres cubes.

La surface totale étayée comprise entre lesdites arêtes des fouilles des culées et les garde-corps latéraux du plancher provisoire était de 2025 mètres quarrés.

INDICATION des opérations successives.	DÉPENSES FAITES.		PRIX DE REVIENT	
	Partielles.	Totales.	par mètre courant de voie à étayer entre les arêtes extrêmes des fouilles	par mètre quarré de surface étayée entre les arêtes extrêmes des fouilles.
§ 1er. *Modification préalable des voies ferrées et pose des longrines.*				
La dépense, dont le détail a été donné précédemment, comprend le relèvement des voies sur 0m.35, les raccordements aux abords, sur 70 mètres de longueur de part et d'autre, la location et la mise en place des bois et fers pour les longrines et le plancher provisoire, enfin la fourniture du ballast et le renouvellement partiel des matériaux de la voie.	francs. »	francs. 58 000.00	francs. 77.34	francs. 28.64
§ 2. *Étayements et déblais généraux jusqu'à 3m.20 au-dessous des longrines.*				
Bois en location pour étayements définitifs, 700 mètres cubes à 60 francs.	42 000.00			
Bois en location pour étais provisoires en premier emploi, 420 mètres cubes à 42 francs.	17 640.00			
Bois en location pour étais provisoires en deuxième emploi, 1 680 mètres cubes à 15 francs.	25 200.00	101 340.00	135.12	50.04
Plus-value sur le prix des terrassements pour tenir compte des sujétions diverses, embarras des étais, bourrage derrière les blindages, sortie à la brouette et mise en dépôt en dehors de la surface étayée, éclairage de nuit, etc., 11 000 mètres cubes à 1f.50.	16 500.00			
§ 3. *Galeries basses pour l'édification en sous-œuvre des culées et de la pile.*				
Bois fournis, mis en place et abandonnés derrière les maçonneries, 52 mètres cubes à 90 francs.	4 680.00			
Madriers de blindage de 0m.08 fournis et abandonnés, 300 mètres quarrés à 10f.80.	3 240.00			
Bois en location pour étayements définitifs, 130 mètres cubes à 60 francs.	7 800.00			
Bois en location pour étais provisoires en premier emploi, 78 mètres cubes à 42 francs.	3 276.00			
Bois en location pour étais provisoires en deuxième emploi, 312 mètres cubes à 15 francs.	4 680.00	35 426.00	47.23	17.50
Plus-value sur le prix des terrassements pour tenir compte des sujétions diverses analogues à celles ci-dessus indiquées, 2 000 mètres cubes à 2f.50.	5 000.00			
Plus-value sur les prix de maçonneries exécutées dans les galeries basses. { Pierre de taille, 125 mètres cubes à 30 francs.	5 750.00			
{ Maçonnerie ordinaire, 600 mètres cubes à 5 francs.	3 000.00			
§ 4. *Assemblage et levage du tablier métallique au milieu des étais.*				
Aucune plus-value n'a été allouée. En effet, l'assemblage des fers, exécuté à hauteur d'homme, a été moins coûteux que celui des portions de tablier extérieures aux étayements et qui ont nécessité des échafaudages. Quant au montage ultérieur de l'ensemble de l'ossature métallique à 0m.75 de hauteur pour l'amener à son niveau définitif, on a vu que cette opération n'a exigé que 10 heures, 60 hommes, 10 vérins et quelques calages provisoires en charpente.	»	»	»	»
A reporter.		194 766.00	259.69	96.18

INDICATION des opérations successives.	DÉPENSES FAITES.		PRIX DE REVIENT	
	Partielles.	Totales.	par mètre courant de voie à étayer entre les arètes extrêmes des fouilles.	par mètre quarré de surface étayée entre les arètes extrêmes des fouilles.
	francs.	francs.	francs.	francs.
Reports.	. . . . .	194766.00	259.63	96.18
§ 5. *Calage provisoire des longrines sur les fers, établissement des colonnes et construction des voûtes en briques et des chapes,*				
Bois en location pour supports provisoires du tablier métallique sur le sol, pour calages entre le plancher supérieur et les fers du tablier, et pour étais provisoires destinés à permettre l'achèvement des maçonneries des culées en arrière des extrémités des poutres et le remblai derrière ces maçonneries, 125 mètres cubes à 60 francs.	7 500.00			
Main-d'œuvre pour les déplacements successifs des calages sous le plancher supérieur pendant l'exécution des voûtes en briques et des chapes en mortier et en bitume.	2 500.00			
Plus-value sur les prix ordinaires pour les ouvrages exécutés avec grande difficulté dans le très-petit espace libre qui restait entre le dessus du tablier métallique et le dessous de la charpente du plancher supportant les voies. Pour la maçonnerie des voûtes en briques, 300 mètres cubes à 6 francs.	1 800.00	14 200.00	18.93	7.01
Pour le béton de remplissage des reins, 150 mètres cubes à 2 francs.	300.00			
Pour la chape en ciment de 0^m.03 = 1 500 mètres quarrés à 0^f.70.	1 050.00			
Pour la chape en bitume de 0^m.03 = 1 500 mètres quarrés à 0^f.70.	1 050.00			
Les fouilles, les fondations et le levage des colonnes n'ont, grâce au système employé, donné lieu à aucune sujétion spéciale.	»			
§ 6. *Enlèvement des longrines et rétablissement des voies.*				
Fourniture de ballast, 1 500 mètres à 3 francs.	4 500.00			
Main-d'œuvre pour enlèvement des longrines et du plancher, rétablissement des voies sur ballast, abaissement de 0^m.35 dans l'étendue de la surface étayée, et suppression des pente et contre-pente sur 70 mètres aux abords de part et d'autre.	10 000.00	14 500.00	19.33	7.16
A quoi il faut ajouter :				
Frais d'entretien et de surveillance spéciale des voies et des étayements pendant dix mois.				
Surveillance spéciale de jour et de nuit des voies supérieures et fourniture d'huile pour les signaux de ralentissement.	4 300.00			
Surveillance spéciale de jour et de nuit des étayements inférieurs.	4 500 00			
Main-d'œuvre supplémentaire pour relevages des parties tassées, coinçages des charpentes, déplacements et modifications momentanées de certaines portions des étayements pour faciliter l'exécution des ouvrages métalliques et des maçonneries.	8 000.00	16 800.00	22.40	8.30
Dépenses totales à compter pour l'exécution de l'ensemble des opérations.	. . . . .	240 266:00	320.35	118.65
Soit en nombres ronds.			320.00	120.00

Pour apprécier dans un avant-projet de travaux analogues les dépenses supplémentaires qu'entraînent, en sus des prix ordinaires des ouvrages exécutés à l'air libre, les sujétions de l'établissement en sous-œuvre sous des voies exploitées, il conviendra toujours de déterminer, d'après la nature du terrain et les conditions locales, l'étendue de la surface à étayer entre les arêtes extrêmes des fouilles à faire.

On procédera ensuite à l'évaluation des divers éléments de dépenses, en les rapportant soit au mètre quarré de surface étayée, soit au mètre courant de voies comprises dans l'étendue de cette surface.

Le choix de la base unitaire la plus convenable à adopter dépendra de la comparaison à faire entre l'exemple analysé par nous et le cas particulier qu'on aura à traiter.

Dans notre exemple, les voies sont resserrées et occupent toute la surface étayée. S'il s'agissait de passer sous une voie unique, ou sous une ligne à deux voies, l'évaluation au mètre courant de voie serait préférable afin de ne pas attribuer une importance trop grande à la surface occupée par les accotements latéraux.

CHAPITRE IL

EFFETS DE DILATATION A PRÉVOIR SUR DE VASTES TABLIERS MÉTALLIQUES. — COLONNES EN FONTE LOURDEMENT CHARGÉES ET SURMONTÉES DE CHARIOTS DE ROULEMENT.

Le tablier du grand pont de 40 mètres d'ouverture sous les voies du chemin de fer de l'Ouest (Pl. 1, *fig.* 1) ayant une largeur de 91^m.10 le long de la culée et 125^m.30 le le long de la pile, il fallait prévoir des effets de dilatation assez importants, soit dans le sens de la longueur des poutres, soit dans le sens de la largeur du pont. Les effets cumulés des déplacements dus à la dilatation pouvaient s'élever de 0 à 15 millimètres en allant du centre de figure aux extrémités du tablier métallique, sous l'influence d'une variation possible de température de 50 degrés. (Ainsi en cours de construction, pendant l'été, il nous est arrivé de constater des déplacements de 5 à 8 millimètres dans le sens de la largeur ou de la longueur, pour la seule différence de température entre la nuit et le jour.) Nous avons pris le parti de fixer le centre de figure du tablier dans le sens de sa largeur en donnant des rebords latéraux aux plaques d'appui des deux poutres centrales sur la culée et sur la pile ; les autres plaques d'appui à droite et à gauche ne portent pas de rebords latéraux, en sorte que la dilatation transversale se produit librement du centre de figure vers les têtes. Quant à la dilatation longitudinale des poutres, ne pouvant lui donner un point de départ fixe vers le milieu de ces poutres puisque les colonnes ne s'y prêtaient pas, nous l'avons laissée complétement libre en lui imposant toutefois une limite, fixée à 15 millimètres de part et d'autre de la situation normale moyenne ; ce qui a été obtenu au moyen de rebords que portent à l'arrière toutes les plaques d'appui sur la culée et sur la pile, laissant un jeu de 15 millimètres entre le rebord et l'extrémité de chaque poutre.

Le tablier du pont sous le carrefour du boulevard Pereire et de la rue de Brémontier (Pl. I, *fig.* 13) présentait :

Une partie de 20 mètres de largeur et 60 mètres de longueur moyenne correspondant à la rue Brémontier ;

Deux parties triangulaires l'une à droite, l'autre à gauche, correspondant au boulevard Pereire et se développant, la première sur 74 mètres et la deuxième sur 30 mètres.

C'était, on le voit, une grande surface en forme d'X qui donnait lieu à des effets de dilatation importants et de direction variable.

Les déplacements cumulés pouvaient atteindre 2 ou 3 centimètres aux points extrêmes du tablier, et il y avait lieu de s'en préoccuper très-sérieusement.

Nous avons établi un point d'ancrage sur la pile en maçonnerie qui se trouve assez rapprochée du centre de figure, et qui supporte le rectangle central correspondant à la rue Brémontier. En conséquence les cinq grandes poutres de ce rectangle ont été fixées sur la pile au moyen de plaques portant des boulons d'ancrage qui traversent les semelles en tôle, la fonte des plaques, et la pierre de taille d'appui. Le parallélisme de ces cinq poutres a été assuré, en outre, au moyen de rebords latéraux que portent les plaques d'appui correspondantes sur les culées.

Quant aux parties triangulaires à droite et à gauche, leurs déplacements devaient participer à la fois d'une translation parallèle au boulevard Pereire, et d'une autre translation parallèle à la rue Brémontier provenant de la partie centrale à laquelle viennent s'attacher les portions triangulaires. Pour parer à cette double tendance dont la résultante avait une direction variable, on a établi des plaques d'appui sans aucun rebord sous les extrémités des poutres des parties triangulaires du pont à droite et à gauche du rectangle central.

Mais les deux vastes tabliers métalliques que nous venons de décrire s'appuyaient l'un et l'autre non-seulement sur des culées en maçonnerie, mais aussi sur des colonnes intermédiaires. Or ces colonnes avaient à supporter des pressions considérables atteignant pour le pont sous les voies de l'Ouest 225 000 kilogrammes et s'élevant jusqu'à 249 000 kilogrammes pour le pont Brémontier ; ces charges dépassaient beaucoup les limites expérimentées dans les constructions courantes analogues ; de plus, elles n'étaient pas fixes ; car par suite des effets de dilatation, elles avaient une tendance à se déplacer par voie de glissement dans une direction variable sur la tête des colonnes.

En présence de l'effort vertical énorme imposé à chaque colonne, il était essentiel que les réactions horizontales pouvant résulter de la tendance au glissement fussent réduites

à une proportion insignifiante ; autrement elles détermine-
raient dans la hauteur de la colonne entre la base et le chapiteau un effort de flexion, et certaines arêtes comprimées
outre mesure seraient exposées à la rupture. Cet inconvénient se produirait infailliblement si le tablier métallique
reposait simplement à frottement sur la tête de la colonne.
Pour éviter tout danger, nous avons dû substituer au déplacement par voie de frottement simple, celui obtenu au
moyen de chariots de roulement ; et pour obéir aux effets de
dilatation de direction variable, nous avons eu recours à
deux chariots de roulement superposés à angle droit, qui
permettent par conséquent un déplacement facile et sans
efforts appréciables dans un sens quelconque.

Les *fig.* 4, 5, 6, 7 et 8, Pl. 1, rendent compte de la disposition des colonnes en fonte et des chariots de roulement. Les colonnes d'une hauteur de 5^m.20 ont un diamètre variable de 0^m.50 à 0^m.60 du sommet à la base, et
une épaisseur moyenne de fonte de 0^m.06 ; toutes les colonnes ont été coulées debout, la tête en bas, afin d'obtenir un
métal dense, exempt de soufflure et surtout de toute irré-
gularité dans les épaisseurs qui auraient pu résulter du déplacement dans un moule incliné. Elles s'appuient sur un
large massif de fondation en béton de ciment par l'intermédiaire d'un grand libage en pierre dure de 1^m.75 sur
1^m.75, et par une embase en fonte de 1^m.30 sur 1^m.30
solidifiée par de fortes nervures. Une feuille de plomb
de 15 millimètres est interposée entre l'embase en fonte
et le dessus de la pierre de taille qui a été soigneusement
dressé, et de forts boulons d'ancrage (Pl. 1, *fig.* 12) établissent une complète solidarité entre la fonte et la pierre.
A son sommet la colonne se termine par un chapiteau
quarré de 0^m.80 sur 0^m.80 qui reçoit les chariots de roulement.

Chaque chariot (*fig.* 4 et 5, Pl. 1) est composé de quinze
rouleaux en fer recoupés latéralement à 0^m.04 de largeur,

parfaitement tournés dans leurs parties circulaires, et ayant o{^{m}}.o8 de diamètre et o{^{m}}.718 de longueur.

Les quinze rouleaux sont interposés entre des plaques de fonte parfaitement dressées et ils sont rendus solidaires en haut et en bas par des bielles en fer se reliant aux extrémités des rouleaux au moyen de petits goujons. Ces bielles, dont l'écartement est maintenu par des entretoises en fer rond réunissant leurs extrémités, forment de part et d'autre de l'ensemble des quinze rouleaux un parallélogramme articulé qui oblige les rouleaux à s'incliner tous ensemble à droite ou à gauche de la verticale. Le déplacement horizontal possible de la plaque de friction reposant sur les rouleaux est de o{^{m}}.o2 à droite ou à gauche de la position médiane; il en résulte un déplacement total possible de o{^{m}}.o4 correspondant aux écarts maxima de température.

En supposant que le contact entre la partie circulaire d'un rouleau et chaque plaque de friction en fonte ait lieu sur 1 degré, la surface d'appui évaluée en millimètres quarrée est de :

$$\frac{\pi.\mathrm{D}}{360°} \times l = \frac{3.14 \times 80}{360} \times 718 = 501^{mq} \text{ pour un rouleau,}$$

$$\text{et pour 15 rouleaux} \quad 501 \times 15 = 7515^{mmq}.$$

La pression supportée par une colonne du pont sous les voies de l'Ouest étant de 225 000 kilogrammes sous la surcharge d'épreuve et de 140 000 kilogrammes sous la charge permanente seule, les efforts par millimètre quarré de l'arête de contact d'un rouleau seront respectivement de 29{^{k}}.94 et de 18{^{k}}.65.

Or il résulte d'expériences faites par M. Moreaux, ingénieur de la maison Cail et compagnie, sur un chariot formé de deux rouleaux en fer de o{^{m}}.o8 de diamètre et de o{^{m}}.1o de longueur, que sous une charge de 16{^{k}}.5o par millimètre quarré de contact supposé sur 1 degré, il n'y a aucune trace d'altération des surfaces, et qu'il suffit d'un effort horizontal de $1^k.80$ par 1 000 kilogrammes de charge verticale, pour déterminer le mouvement au départ, et de $1^k.50$ par 1 000 kilogrammes pour l'entretenir.

Il faut aller jusqu'à 40 ou 43 kilogrammes par millimètre quarré de contact pour que l'altération des surfaces soit appréciable à l'œil ; et cette altération même est si peu de chose qu'il suffit encore de $4^k.50$ par 1 000 kilogrammes pour déterminer le mouvement horizontal au départ.

D'après cela, l'effort horizontal que le déplacement du tablier métallique, par l'effet de la dilatation, pourra exercer sur la tête d'une colonne du pont sous les voies de l'Ouest, ne dépassera pas $1^k.80 \times 140^t = 252$ kilogrammes sous la charge permanente, et $1^k.80 \times 225^t = 405$ kilogrammes sous l'influence des plus fortes surcharges accidentelles.

On voit donc bien que nos chariots de roulement réduisent à une proportion tout à fait insigifiante les efforts horizontaux qui peuvent agir sur la tête des colonnes et que celles-ci ne sont exposées de ce fait à aucun travail appréciable par flexion.

Sous l'influence de la charge verticale supposée égale à 225 000 kilogrammes, les colonnes ayant une section pleine minima de 94 248 millimètres quarrés, travailleront à

$$\frac{225\,000}{94\,248} = 2^k.39 \text{ par millimètre quarré.}$$

L'embase inférieure d'appui sur la pierre présentant une surface de 15 100 centimètres quarrés donnera lieu à une pression sur la pierre de taille de 15 kilogrammes par centimètre quarré.

Le libage ayant lui-même $1^m.75$ sur $1^m.75$, soit 3 mètres quarrés de surface, transmettra au béton une pression de $7^k.70$ par centimètre quarré. Et celui-ci présentant un empatement de $0^m.50$ tout autour du libage fournira une surface d'appui sur le sol de $7^{m}.5o$, correspondant à $3^{k}.10$ par centimètre quarré sur le terrain.

Les considérations dans lesquelles nous venons d'entrer au sujet des colonnes du pont sous les voies de l'Ouest, s'appliquent à la majeure partie des quinze colonnes qui supportent le pont sous le carrefour de la rue Brémontier et du boulevard Pereire. En conséquence, onze de ces colonnes ont été exécutées en fonte, avec chariot de roulement en fer comme celles du pont sous les voies de l'Ouest.

Mais pour les quatre autres marquées (*a*) sur la *fig.* 5, Pl. 1, les calculs indiquaient des pressions plus considérables s'élevant jusqu'à 249 000 kilogrammes sous la surcharge d'épreuve. Et comme ces quatre colonnes occupaient des positions très-importantes au point de vue de la stabilité de l'ouvrage, comme d'ailleurs la répartition effective des charges pouvait, dans une construction aussi compliquée, différer notablement des résultats indiqués par les calculs, les constructeurs, MM. Gouin et compagnie, nous ont exprimé les craintes les plus sérieuses au sujet de ces colonnes exceptionnellement chargées et exposées en outre aux efforts transversaux pouvant résulter des effets assez considérables à attendre de la dilatation. Malgré la précaution prise de couler les colonnes debout, malgré l'établissement de chariots de dilatation, on pouvait craindre, disaient les constructeurs, un défaut caché dans le métal, un obstacle empêchant les chariots de dilatation de fonctionner. Nous avons fait droit à ces préoccupations en substituant l'acier Bessemer martelé au fer et à la fonte qui compose les chariots de roulement ordinaires, et en remplaçant la colonne creuse en fonte par un faisceau de cylindres pleins en fer enveloppé d'une chemise de fonte qui reproduit à l'œil le type courant (Pl. 1, *fig.* 9, 10 et 11).

Six cylindres pleins en fer de $0^{m}.15$ de diamètre et de $4^{m}.86$ de hauteur sont disposés hexagonalement autour d'un septième cylindre central. Tous sont serrés et mis en contact invariable au moyen de neuf frettes en fer posées à chaud et espacées d'environ 0ᵐ.5o. Le faisceau ainsi formé est interposé par l'intermédiaire de feuilles de plomb de 0ᵐ.oo4 entre une embase et un chapiteau en fonte analogues à ceux des colonnes ordinaires. Et il est assujetti en haut et en bas au moyen de cales en fer placées dans les cavités de l'embase et du chapiteau.

Sous la charge maxima de 249 000 kilogrammes, le fer dont la section est de $\pi \times \overline{0.075}^2 \times 7$, travaille à 2ᵏ.01 par millimètre quarré.

La surface de contact des rouleaux supposée sur 1 degré étant $\dfrac{2\pi \times 0.04}{36o^\circ} \times 715 \times 14 = 6\,986$ millimètres quarrés. l'effort maximum correspondant à la charge de 249 ooo kilogrammes sera de 35ᵏ.6, chiffre qui n'a rien d'inquiétant eu égard aux considérations développées précédemment et à la nature spéciale du métal qui est ici de l'acier martelé.

Il a été alloué aux constructeurs :

1° Pour couler debout les colonnes en fonte une plus-value de 1ᶠ.20 par 100 kilogrammes ;

2° Pour les rouleaux, bielles et entretoises en fer entrant dans la composition des chariots de roulement, un prix total de 0ᶠ.68 le kilogramme ;

3° Pour l'acier Bessemer raboté ou tourné employé pour les plaques et les rouleaux des chariots correspondants aux quatre colonnes spéciales en fer, un prix total de 1ᶠ.5o le kilogramme.

CHAPITRE III.

CONSIDÉRATIONS PRATIQUES SUR LE MODE DE CALCULS ET SUR LE RÉ-
SULTAT DES ÉPREUVES DES FERS DES TABLIERS; EXPÉRIENCES SUR
L'ÉCRASEMENT DES BRIQUES DES VOUTES.

Les ouvrages métalliques de notre chemin de fer de raccordement, principalement le pont sous le carrefour du
boulevard Pereire et de la rue Brémontier, ont donné lieu
à des calculs très-compliqués; nous nous bornerons ici à
rappeler les données qui ont servi de base à ces calculs et
les résultats constatés par les épreuves.

1° *Pont de 40 mètres et viaduc de 8 mètres sous les voies
de l'Ouest* (Pl. 1, *fig.* 1). — Nous devions nous conformer
aux conditions prescrites par la circulaire ministérielle du
26 février 1858, relative aux épreuves des ponts métalliques supportant des voies de fer. En conséquence, nous
avons supposé une surcharge de 5 000 kilogrammes par
mètre courant sur toutes les voies qui passent d'une part
sur le pont, d'autre part sur le viaduc. Répartissant ensuite
la surcharge totale sur la surface correspondante à chacun
des deux ouvrages, nous avons trouvé par mètre quarré
1 100 kilogrammes d'une part et 1 300 kilogrammes de
l'autre; d'où nous avons déduit les chiffres de la surcharge
par mètre courant de poutre intermédiaire courante, qu
sont :

5 600 kilogrammes pour le pont de 40 mètres,
et 3 600 kilogrammes pour le viaduc de 8 mètres.

Les poids morts correspondants par mètre courant de
poutre ont été trouvés respectivement égaux à 7 900 et
4 000 kilogrammes.

Nous avons calculé les poutres du pont de 40 mètres
d'après les formules de Bellanger pour les poutres à trois

5

travées, en les supposant successivement surchargées, et les maxima des moments fléchissants ainsi obtenus, comparés aux moments résistants des sections correspondantes des poutres, ont fait ressortir que le travail maximum du fer par millimètre quarré restait compris entre 5^k.5oo et 6 kilogrammes.

Calculant ensuite les efforts tranchants qui s'exercent sur les âmes verticales en treillis, et qui vont en se cumulant du point de plus grande flexion situé vers le milieu de la portée de la poutre jusqu'aux appuis, et mettant en regard les sections correspondantes données aux barres du treillis et celles données aux rivets pour transmettre les efforts, nous avons établi que le fer des barres travaille à environ 5 kilogrammes et celui des rivets à environ 6 kilogrammes par millimètre quarré.

Les entretoises ont été calculées en supposant une surcharge de 6 ooo kilogrammes pour chaque roue de machine, soit 12 ooo kilogrammes par essieu ; et il a été établi que, pour la position la plus défavorable de cette surcharge, le fer ne travaille qu'à 5^k.4oo.

Pour ce qui regarde la poutre de rive oblique de 5o^m.8o de longueur, sur laquelle viennent s'attacher les extrémités de six poutres intermédiaires, constituant ainsi des poids fixes isolés en sus de la charge courante uniformément répartie, nous avons, par application des théorèmes connus, calculé séparément les moments fléchissants et les efforts tranchants, d'abord pour les poids fixes isolés, ensuite pour la charge uniformément répartie, et la somme algébrique des résultats obtenus dans les deux calculs séparés nous a donné les moments fléchissants et les efforts tranchants totaux, lesquels correspondaient à des efforts par millimètre quarré inférieurs à 6 kilogrammes.

Les calculs ont été plus simples pour le viaduc de 8 mètres, et nous ont conduits à la même constatation.

Le pont de 4o mètres et le viaduc de 8 mètres ayant été

construits sous le passage incessant des machines depuis le commencement jusqu'à la fin, il devenait inutile de procéder aux épreuves spéciales prescrites par la circulaire ministérielle du 26 février 1858.

Du reste, la solidarité établie par les entretoises très-rapprochées et par les voûtes en briques, entre toutes les parties du tablier, donne à toute la construction un caractère de stabilité absolue, et le passage d'un train ne produit pas de flexion appréciable sur les poutres correspondantes.

2° *Pont sous le carrefour des rues Pereire et Brémontier* (Pl. 1, *fig.* 3). — Nous devions nous conformer à la circulaire ministérielle du 15 juin 1869 relative aux ponts métalliques destinés aux voies de terre ; et comme il s'agissait d'un ouvrage situé dans Paris, il fallait supposer comme poids roulant un rouleau de 16 tonnes, chiffre fixé par la décision ministérielle du 23 juillet 1869.

En raison des dispositions très-compliquées de l'ouvrage à construire, nous nous serions lancés dans des calculs inextricables si nous avions voulu, en ce qui concerne les grandes poutres à plusieurs appuis, considérer séparément pour chacune d'elles la charge permanente, la surcharge uniformément répartie de 400 kilogrammes par mètre quarré, enfin la surcharge résultant des poids roulants.

Mais il est facile de s'assurer que, eu égard à la grande portée des poutres et à leur espacement qui est de 5 mètres, un poids roulant de 16 tonnes isolé doit exercer moins d'influence que la surcharge de 400 kilogrammes uniformément répartie par mètre quarré ; nous pouvions donc nous borner à considérer seulement cette dernière surcharge, dont nous avons toutefois forcé le chiffre de 400 kilogrammes, en le portant pour plus de garantie à 500 kilogrammes par mètre quarré de chaussée (trottoirs compris) ; nous avons ainsi obtenu :

Pour le poids de la construction par mètre courant de   kilog.
poutre. 6 500
pour la surcharge uniformément répartie par mètre courant de poutre. 2 500

Poids total par mètre courant de poutre. 9 000

Enfin, toujours en vue de simplifier et eu égard à ce fait que la surcharge est faible comparativement au poids de la construction, nous n'avons envisagé qu'une seule hypothèse : toutes les travées surchargées. Nous avons ainsi été amenés à ne considérer qu'une charge constante de 9 000 kilogrammes uniformément répartie par mètre courant de poutre ; et les formules de Bellanger pour les poutres à une, deux, trois ou quatre travées nous ont permis de calculer assez facilement pour toutes les poutres courantes les moments fléchissants, les efforts tranchants et par suite le travail par millimètre quarré du fer des semelles et des treillis.

Mais pour les poutres de rive de la partie centrale auxquelles viennent s'attacher les poutres des parties triangulaires à droite et à gauche, nous avions à envisager des poutres à quatre ou cinq travées soumises à la fois à des poids isolés et à une charge uniformément répartie : ici, de même que pour la poutre de rive du pont de 40 mètres, nous avons calculé séparément les moments fléchissants et les efforts tranchants résultant : 1° des poids isolés ; 2° de la charge uniformément répartie ; en faisant ensuite la somme algébrique des résultats obtenus. Nous avons en outre simplifié la première partie du calcul en envisageant seulement les travées qui renferment les poids isolés et celles qui sont immédiatement contiguës, abstraction faite des suivantes ; ce qui nous a réduits dans le cas particulier, à considérer seulement des poutres à trois travées, et nous a donné, malgré cela, une approximation suffisante, attendu que, d'après un théorème connu, dans les poutres à plusieurs appuis, l'influence de la charge qui agit sur une travée est encore sensible dans la travée contiguë, très-notablement affaiblie dans la travée suivante, et enfin à peu près nulle dans celle qui vient après.

Ces calculs, très-laborieux malgré les simplifications ainsi opérées, ont démontré que les fers des semelles et ceux des barres et des rivets des treillis ne travaillaient pas à plus de 4 ou 5 kilogrammes par millimètre quarré.

Les entretoises ont été calculées en supposant une surcharge égale au poids d'un des cylindres du rouleau compresseur, soit 8 000 kilogrammes, placé dans la situation la plus défavorable, au milieu de l'entretoise, et il a été établi que le travail du fer ne dépassait pas $4^k.62$ par millimètre quarré.

Les épreuves, faites d'abord sous une surcharge de sable uniformément répartie, ensuite sous des poids roulants formés de trois rouleaux compresseurs marchant côte à côte ou les uns derrière les autres, n'ont produit dans les poutres que des flèches de 3 ou 4 millimètres au plus.

3° *Pont sous le carrefour d'Asnières* (Pl. 1, *fig.* 2, 13 et 14). — Les calculs se présentaient ici sous une forme plus simple et plus usuelle, et les résultats de ces calculs, comparés à ceux des épreuves, ont donné lieu à quelques constatations intéressantes, dont nous allons dire ici quelques mots.

Le tablier du pont est formé d'une série de quarante-trois poutres métalliques, de 16 mètres de portée, espacées de $2^m.50$ d'axe en axe, et réunies par des entretoises distantes entre elles de $1^m.79$. (Voir Pl. 1, *fig.* 13 et 14.) Ces entretoises supportent des voûtes en briques et mortier de ciment; les reins sont remplis en béton, et le tout est recouvert par une chape en bitume imperméable, au-dessus de laquelle on a établi une chaussée pavée ou d'empierrement.

Le poids mort de la construction, correspondant à un mètre courant de poutre, est de 4 000 kilogrammes.

Il est facile de voir que l'influence d'une surcharge de

4oo kilogrammes par mètre quarré produira un effet moindre que celle d'un cylindre compresseur de 16 tonnes placé au milieu de la portée de 16 mètres. Ce cylindre, étant formé de deux rouleaux de 8 tonnes distants entre eux de 3 mètres, correspond à un poids unique de 13.000 kilogrammes qui serait placé au milieu de la poutre.

Le moment fléchissant maximum est donné par la formule

$$M = \frac{p \cdot l^2}{8} + \frac{P \cdot l}{4} = \frac{4\,000 \times 16^2}{8} + \frac{13\,000 \times 16}{4} = 180\,000^{\text{kgm}}.$$

La poutre ayant au milieu $0^m.80$ de hauteur hors cornières et six semelles de $0^m.01$ en haut et en bas, le moment d'inertie calculé est $I = 0.013350$, et l'effort maximum théorique ressort à $6^k.26$ par millimètre quarré.

La flèche théorique f sera, en appelant E le coefficient d'élasticité dont la valeur peut varier entre 12 000 000 000 et 20 000 000 000 donnée par la formule

$$EIf = \frac{l^3}{48}\left[P + \frac{5}{8}\,p \cdot l\right] = 4\,522\,649,$$

d'où l'on déduit :

$$f = 28 \text{ millimètres si } E = 12\,000\,000\,000,$$
$$\text{ou } 17 \text{ millimètres si } E = 20\,000\,000\,000.$$

Mais la flèche réelle observée dans les épreuves est restée bien au-dessous de ces flèches théoriques, ce qui tient à la solidarité que les files d'entretoises et les voûtes en briques établissent entre toutes les poutres du pont. Cette solidarité, rendue sensible à première vue par ce fait que le passage d'une simple charrette imprime au tablier une vibration qui se fait sentir à 50 mètres de distance de part et d'autre, a été mise en évidence d'une manière très-frappante par les épreuves auxquelles nous avons procédé.

Trois rouleaux compresseurs de 16 tonnes ont été placés côte à côte sur les milieux de trois poutres voisines et ont séjourné douze heures. En numérotant o, 1 et 1′, les poutres qui supportent directement les rouleaux 2, 3, 4, 5..... et 2′, 3′, 4′, 5′......, les poutres successives situées à droite et à gauche, on a constaté les flèches indiquées au tableau ci-après :

Numéros des poutres.	5′	4′	3′	2′	1′	0	1	2	3	4	5	6	7
Flèches en millimètres.	0.0	0.2	1.0	2.0	3.2	4.0	3.7	2.7	1.2	0.7	0.5	0.2	0.0

Ce tableau met en évidence la répartition de charge qui s'opère par voie de transmission sur les poutres contiguës aux trois poutres qui supportent directement les rouleaux, et l'on voit que les flèches réelles prises par ces trois poutres restent inférieures au quart des plus petites flèches théoriques calculées. On peut en conclure que le travail effectif des fers par millimètre quarré doit rester bien au-dessous du chiffre de $6^k.200$ donné par le calcul théorique appliqué à une poutre considérée isolément.

Ainsi, la solidarité que les entretoises et les voûtes en briques établissent entre toutes les parties du tablier a pour effet de le transformer en une véritable planche rigide; quand un poids isolé se présente sur un point de cette planche, la charge se répartit dans tous les sens, et par suite l'ensemble de la construction est apte à supporter sans inconvénient des poids roulants bien supérieurs à ceux qu'indiquent les calculs appliqués à une poutre isolée.

Cela constitue un des mérites particuliers du système de tablier métallique avec voûtes en briques. On obtient, en outre, l'avantage d'une durée à peu près illimitée; car en ayant soin de compléter la construction par une bonne chape en asphalte imperméable recouvrant à la fois les voûtes et les fers du tablier, on met ceux-ci à l'abri de l'humidité et l'on assure parfaitement leur conservation. A tous ces points de vue, nous croyons que le système de tabliers métalliques avec voûtes en briques se recommande d'une manière toute spéciale aux constructeurs.

L'emploi de rouleaux compresseurs à vapeur et le passage des roues de charrettes lourdement chargées appelaient notre attention sur la résistance à l'écrasement que les briques creuses qu'on emploie généralement dans la construction des voûtes des tabliers métalliques doivent présenter à un degré suffisant.

M. Tresca, sous-directeur du Conservatoire des arts et métiers, a bien voulu, sur notre demande, expérimenter l'écrasement au moyen de la presse hydraulique, non pas de simples briques isolées, mais de prismes de maçonnerie où les matériaux se trouvaient dans des conditions comparables à celles des voûtes de nos ponts. Ces prismes avaient une section de $0^m.22$ sur $0^m.22$, ou $0^m.33$ sur $0^m.33$, et leur hauteur de $0^m.51$ ou $0^m.46$ était formée d'assises de briques posées à plat et reliées par du mortier de ciment.

Les résultats des expériences sont consignés dans le tableau ci-après :

NATURE et provenance de la brique creuse.	NATURE et âge du mortier.	DIMENSIONS des blocs à écraser.	SECTION totale.	SECTION pleine des cloisons non compris les joints verticaux en mortier.	POIDS qui a produit l'écrasement.	EFFORT par centimètre quarré correspondant à l'écrasement		OBSERVATIONS.
						de la section totale.	de la section pleine des cloisons.	
				*Première série d'expériences sur des prismes de* $\frac{0^m.22}{0^m.22}$				
Brique de Bourgogne. (Villenavotte.)	2 de sable 1 de ciment de Portland. Age 17 jours.	0m.22 sur 0m.22 et 0m.51 de hauteur.	centim. q. 484	centim. q. 159 —	kilog. 9 105 17 510	kilog. 19.00 36.00	kilog. 57.00 110.00	Une 1re fissure s'est manifestée sous 3 856k 10 856k
Brique Müller d'Ivry.	— —	—	—	175	28 540 35 370	59.00 73.00	163.00 202.00	— non constatée — 28 360k
				Moyenne.		47.00	133.00	
				Deuxième série d'expériences sur des prismes de $\frac{0^m.34}{0^m.34}$				
Brique de Bourgogne. (Villenavotte.)	—	0m.34 sur 0m.34 et 0m.46 de hauteur.	1 176 —	883 —	20 602 44 125	17.60 37.50	54.00 115.00	— 20 136k 29 767k
Brique Müller d'Ivry.	—	—	1 176	423	42 000 51 746	35.70 44.00	100.00 122.30	— 22 237k 48 364k
				Moyenne.		34.00	97.08	

La Pl. 1, *fig.* 15 et 16, figure la coupe d'une brique creuse de Bourgogne ou de Müller.

On remarque que la section horizontale pleine des cloisons (non compris les joints en mortier) est le tiers environ de la section totale du prisme, et que la résistance à l'écrasement par centimètre quarré ($97^k.088$ ou 133^k) n'est pas supérieure à celle que présenterait la brique pleine ordinaire de Bourgogne bien cuite. Or la brique creuse présente, par rapport à la brique pleine, un vide égal à un tiers. Mais la section pleine horizontale est diminuée des deux tiers ; par conséquent, en employant la brique creuse au lieu de la brique pleine, on allége le pont d'un tiers au plus ; mais on diminue la résistance à l'écrasement de deux tiers.

Il faudrait conclure du raisonnement qui précède que l'emploi de la brique creuse dans les voûtes des tabliers des ponts-routes qui sont exposées aux pressions de charges locales considérables, n'est pas très-rationnel, et que la brique pleine serait préférable, sauf à réduire l'épaisseur des voûtes en adoptant par exemple un seul anneau de $0^m.15$, au lieu de deux anneaux superposés de $0^m.23$. Mais on peut, en pratique, objecter à ce raisonnement que, eu égard aux malfaçons possibles dans l'exécution des maçonneries, les deux anneaux superposés donnent plus de garantie, et que sous l'influence d'une forte charge, la courbe des pressions se maintient plus sûrement dans l'intérieur d'une voûte qui présente une épaisseur plus considérable.

C'est à l'ingénieur qu'il appartiendra, dans chaque cas particulier, de fixer son choix d'après celui des deux ordres de considération qui lui paraîtra avoir le plus d'importance, eu égard à l'ouverture des voûtes, à leur flèche, aux circonstances locales ; mais dans tous les cas, il ne devra pas perdre de vue que le passage des lourdes charrettes peut imposer aux briques des efforts voisins de ceux qui aboutissent à l'écrasement, et que pour éviter tout danger il est indispensable de maintenir toujours au-dessus des voûtes une épaisseur de chaussée formant un matelas suffisant pour répartir la pression locale d'une jante de roue sur une surface assez considérable.

CHAPITRE IV.

OBSERVATION SUR LE PRIX DE REVIENT DE LA CONSTRUCTION DE PONTS AVEC TABLIERS MÉTALLIQUES ET VOUTES EN BRIQUES DE DIMENSIONS ET DE FORMES VARIÉES.

Les quatre grands ouvrages métalliques établis sur notre chemin de fer de raccordement ont été construits dans un système uniforme : poutres métalliques reposant sur des culées en maçonnerie, réunies par des entretoises et des voûtes en briques creuses et mortier de ciment de 0^m.22 d'épaisseur, le tout recouvert par une solide chape en asphalte. La hauteur libre sous les poutres était, pour tous, comprise entre 4^m.80 er 5 mètres, et leurs fondations se présentaient dans des conditions courantes, soit avec 0^m.80 de profondeur moyenne.

Mais ces quatre ouvrages offraient les types les plus variés au point de vue de leurs ouvertures, qui s'élevaient de 8 à 16, à 40 et même à 74 mètres, avec ou sans colonnes intermédiaires, et au point de vue de leurs formes qui passaient des plus simples aux plus compliquées. Nous indiquons ci-après pour chacun d'eux les dispositions principales et le calcul de la surface couverte comprise entre les parements vus des culées et le bord extérieur des poutres de tête.

1° *Pont de 40 mètres sous les voies de l'Ouest* (Pl. 1, fig. 1). — Il couvre un vaste trapèze de 40 mètres d'ou-

verture ayant 91^m.10 le long du parement vu de la culée
et 125^m.30 le long de la pile.

La surface couverte est donc :

$$\frac{91^m.10 + 125^m.30}{2} \times 40^m.00 = 4\,328 \text{ mètres quarrés.}$$

2° *Viaduc de 8 mètres sous les voies de l'Ouest* (Pl. 1,
fig. 1). — Il couvre aussi un long trapèze ayant 8 mètres
d'ouverture et se développant sur 126^m.90 le long du
parement vu de la pile et sur 133^m.50 le long de la culée.

La surface couverte est donc :

$$\frac{126^m.90 + 133^m.50}{2} \times 8^m.00 = 1\,042 \text{ mètres quarrés.}$$

3° *Pont de 16 mètres sous le carrefour de la porte d'Asnières* (Pl. 1, *fig.* 2). — C'est un grand rectangle de 105
mètres de développement.

La surface couverte comprise entre les parements vus
des culées est donc :

$$105^m.00 \times 16^m.00 = 1\,680 \text{ mètres quarrés.}$$

4° *Pont sous le carrefour du boulevard Pereire et de la
rue Brémontier* (Pl. 1, *fig.* 3). — Ce pont, de forme très-
compliquée et dont les supports ont dû être répartis d'une
manière très-irrégulière, est formé d'un long trapèze central correspondant à la rue Brémontier et sur lequel viennent s'attacher deux portions de forme à peu près triangulaire qui correspondent au boulevard Pereire et qui se
développent l'une à droite sur 74^m.40, l'autre à gauche
sur 30^m.10.

La surface couverte peut être estimée comme il suit :

Trapèze central entre les parements vus des culées :

$$\frac{62^{m}.70 + 51^{m}.70}{2} \times 20^{m}.65 = \dots \dots \dots \dots \quad \begin{matrix} m. q. \\ 1\,181 \end{matrix}$$

Partie triangulaire à droite, surface calculée. 1 170

Id.   à gauche. 249

Surface totale couverte. 2 600

Nous allons donner dans les tableaux ci-après le résumé des dépenses faites pour chacun de ces quatre ouvrages, en faisant abstraction pour les deux premiers des dépenses spéciales afférentes à la construction en sous-œuvre sous les voies ferrées en exploitation, lesquelles ont été analysées précédemment. De ces tableaux nous déduirons le prix de revient de chaque ouvrage rapporté au mètre quarré de surface couverte, et nous en tirerons des considérations pratiques intéressantes pour l'évaluation d'avant-projets d'ouvrages analogues.

1° Pont de 40 mètres sous les voies de l'Ouest.

	QUANTITÉS.	PRIX.	DÉPENSES.	DÉPENSES totales.
Maçonneries.				
(Comprenant seulement la demi-pile séparative du viaduc de 8 mètres.)				
Maçonnerie hydraulique en moellons bruts pour fondation et remplissage.	1 531^{mc}	francs. 22.00	francs. 33 682.00	
Maçonnerie hydraulique en meulière piquée pour parements.	507	24.50	7 521.50	
Béton avec mortier de ciment pour fondations des colonnes.	380	37.00	14 060.00	
Maçonnerie de libages avec ciment pour fondation des colonnes.	116	110.00	12 760.00	
Maçonnerie hydraulique en pierre de taille de Château-Landon, pour chaînes, cordons et pierres d'appui des poutres.	455	115.00	52 325.00	
Parements vus de meulière piquée.	937^{mq}	10.00	9 370.00	
Parements vus de pierre de taille.	1273	13.00	16 549.00	
Rejointoiements, refouillements divers pour scellements.	»	»	1 621.00	
Maçonnerie de briques creuses de Bourgogne avec mortier de ciment pour voûtes de 0^m.22 d'épaisseur (y compris les cintres).	939^{mc}	73.00	68 547.00	
Béton avec mortier de ciment pour sommiers d'appui des voûtes sur les entretoises en fer.	60	45.00	2 700.00	
Rejointoiement du parement vu des voûtes.	3 820^{mq}	1.60	6 112.00	
Béton avec mortier de chaux pour remplissage des reins.	500^{mc}	20.00	10 000.60	
Chape en mortier de chaux de 0^m.03 d'épaisseur.	4 670^{mq}	1.25	5 837.50	
Chape en asphalte de 0^m.03 exécutée en deux couches successives de 0^m.15.	4 670	10.05	46 933.50	
Drainages et tuyaux de descente pour assurer l'écoulement des eaux.	»	»	6 158.50	
Dépenses diverses pour scellements, reprise de portions de maçonnerie, etc.	»	»	18 673.00	francs.
Dépense totale pour les maçonneries.				307 850
Partie métallique.				
Fers et tôles assemblés et posés (y compris une couche de peinture au minium).	1 384 700^k	0.58	803 126.00	
Fers tournés pour rouleaux, bielles et entretoises des chariots de dilatation.	27 620	0.68	18 781.60	
Fonte pour colonnes.	256 300	0.27	69 201.00	
Plus-value pour couler les colonnes debout.	256 300	0.012	3 075.60	
Fonte rabotée pour plaques d'appui des culées et des chariots de dilatation.	65 000	0.44	28 600.00	
Plomb employé en feuille sous les colonnes et les plaques d'appui, ou en scellements.	15 760	0.87	13 711.20	
Peinture comprenant une deuxième couche de minium et deux couches de gris.	»	»	13 610.00	
Dépenses diverses pour travaux accessoires.	»	»	2 044.60	
Dépense totale pour la partie métallique.				952 150
Total général des dépenses pour le pont de 40 mètres.				1 260 000
S'il y avait une deuxième culée de 2^m.25 à la place de la demi-pile de 0^m.75, le cube de maçonnerie en moellons bruts augmenterait de 1^m.56 × 7^m × 126^m = 1 323^{mc}, qui à 22 francs donneraient en sus.	»	»	»	29 106
Et le total général s'élèverait à.				1 289 106

2° Viaduc de 8 mètres sous les voies de l'Ouest.

	QUANTITÉS.	PRIX.	DÉPENSES	DÉPENSES totales.
Maçonneries.				
(Comprenant seulement la demi-pile séparative du pont de 40 mètres.)				
		francs.	francs.	
Maçonnerie hydraulique en moellons bruts pour fondation et remplissage.	2 167 mc	22.00	47 674.00	
Maçonnerie hydraulique en meulière smillée pour parements.	521	24.50	12 764.50	
Maçonnerie hydraulique en pierre de taille de Château-Landon pour appuis des poutres, pilastres, etc.	109	115.00	12 535.00	
Parements vus de moellons smillés.	1 590 mq	5.50	8 745.00	
Parements vus de pierre de taille	409	13.00	5 317.90	
Rejointoiements, refouillements divers pour scellements.	»	»	1 215.00	
Maçonnerie de briques creuses de Bourgogne avec mortier de ciment pour voûtes de 0m.22 d'épaisseur (y compris les cintres)	245 mc	73.00	17 885.00	
Béton avec mortier de ciment pour sommiers d'appui des voûtes sur les entretoises en fer.	14	45.00	630.00	
Rejointoiement du parement vu des voûtes.	1 012 mq	1.60	1 619.20	
Béton avec mortier de chaux pour remplissage des reins.	93 mc	20.00	1 860.00	
Chape en mortier de chaux de 0m.03 d'épaisseur.	1 240 mq	1.20	1 550.00	
Chape en asphalte de 0m.03, exécutée en deux couches successives de 0m.015.	1 240	10.05	12 462.00	
Dépenses diverses pour scellements, reprise de portions de maçonnerie, etc.	»	»	1 703.30	
Dépense totale pour les maçonneries.				125 960
Partie métallique.				
Fers et tôles assemblés et posés (y compris une couche de peinture au minium).	236 400 k	0.58	137 112.00	
Fonte rabotée pour plaques d'appui des poutres.	7 900	0.44	3 476.00	
Plomb employé en feuilles sous les plaques d'appui ou en scellement.	3 000	0.88	2 610.00	
Peinture comprenant une deuxième couche de minium et deux couches de gris.	»	»	2 782.00	
Dépense totale pour la partie métallique.				146 010
Total général des dépenses pour le viaduc de 8 mètres.				271 970
S'il y avait une deuxième culée de 2m.25 à la place de la demi-pile de 0m.75, le cube de la maçonnerie de moellons bruts augmenterait de 1m.50 × 7m.00 × 126m.00 = 1 323 mc.60 qui, à 22 francs donneraient en sus.	»	»	»	29 106
Et le total général s'élèverait à.				301 076

3° Pont de 16 mètres sous le carrefour de la porte d'Asnières.

	QUANTITÉS.	PRIX.	DÉPENSES.	DÉPENSES totales.
Maçonneries.				
		francs.	francs.	
Maçonnerie hydraulique en moellons bruts pour fondation et remplissage.	2 763 mc	22.00	60 786.00	
Maçonnerie hydraulique en meulière piquée pour parements.	348	24.50	10 731.00	

Suite du tableau précédent.

	QUANTITÉS.	PRIX.	DÉPENSES.	DÉPENSES totales.
Maçonnerie hydraulique en pierre de taille de Lorraine pour chaînes, pilastres et cordon.	68^{mc}	francs. 103.00	francs. 7 004.00	
Maçonnerie hydraulique en pierre de Château-Landon pour appuis des poutres.	41	120.00	4 920.00	
Parements vus de meulière piquée.	1 339^{mq}	10.00	13 390.00	
Parements vus de pierre de taille de Lorraine.	235	7.00	1 645.00	
Parements vus de pierre de taille de Château-Landon.	268	13.00	3 484.00	
Rejointoiements; refouillements divers pour scellements.	»	»	1 128.00	
Maçonnerie de briques creuses de Bourgogne avec mortier de ciment pour voûtes de 0^m.22 d'épaisseur (y compris les cintres).	404^{mc}	73.00	29 493.00	
Béton avec mortier de ciment pour sommiers d'appui des voûtes sur les entretoises en fer.	40	45.00	1 800.00	
Rejointoiement du parement vu des voûtes.	1 684^{mq}	1.60	2 694.40	
Béton avec mortier de ciment pour remplissage des reins.	141	45.00	6 345.00	
Chape de 0^m.03 d'épaisseur en mortier de ciment.	1 980	4.75	9 405.00	
Chape en asphalte de 0^m.015 par-dessus.	1 980	6.05	11 979.00	
Dépenses diverses pour étayement des parois des fouilles pendant l'exécution des maçonneries et travaux accessoires.	»	»	4 026.60	francs.
Dépense totale pour les maçonneries.				168 830
Partie métallique.				
Fers et tôles assemblés et posés (y compris une couche de peinture au minium).	526 700^k	0.53	279 151.00	
Fers travaillés et limés pour garde-corps.	1 560	1.00	1 560.00	
Fonte rabotée pour plaques d'appui des poutres.	9 400	0.44	4 136.00	
Plomb employé en feuille sous les plaques d'appui ou en scellements.	5 900	0.88	5 192.00	
Peinture comprenant une deuxième couche de minium et deux couches de gris.	»	»	2 808.00	
Dépenses diverses pour travaux accessoires.	»	»	1 473.00	
Dépense totale pour la partie métallique.				294 320
Total général des dépenses pour le pont de 16 mètres.				463 150

4° Pont sous le carrefour des rues Brémontier et Pereire.

	QUANTITÉS.	PRIX.	DÉPENSES.	DÉPENSES totales.
Maçonneries.				
Maçonnerie hydraulique en moellons bruts pour fondation et remplissage.	2 627^{mc}	francs. 22.00	francs. 57 794.00	
Maçonnerie hydraulique en meulière piquée pour parements.	452	24.50	11 074.00	
Béton avec mortier de ciment pour massifs de fondation sous les colonnes.	176	37.00	6 512.00	
Maçonnerie de libages avec mortier de ciment pour massifs de fondation sous les colonnes.	37	110.00	4 070.00	
Maçonnerie hydraulique en pierre de taille de Lorraine pour chaînes, pilastres et cordons.	255	103.00	26 265.00	
Maçonnerie de ciment en pierre de taille de Château-Landon pour appuis des poutres.	35	120.00	4 200.00	
Parements vus de meulière piquée.	1 440^{mq}	10.00	14 400.00	

Suite du tableau précédent.

	QUANTITÉS.	PRIX.	DÉPENSES.	DÉPENSES totales.
		francs.	francs.	
Parements vus de pierre de taille de Lorraine. . . .	592^{mq}	7.00	4 144.00	
Parements vus de pierre de taille de Château-Landon.	232	13.00	3 016.00	
Rejointoiements ; refouillements divers pour scelle- ments.	»	»	2 022.00	
Maçonneries de briques creuses de Bourgogne avec mortier de ciment pour voûtes de 0^m.22 d'épaisseur (y compris les cintres).	402^{mc}	73.00	29 346.00	
Maçonneries de briques pleines pour voûtes de 0^m.11 sous les trottoirs.	78	79.00	6 162.00	
Béton avec mortier de ciment pour sommiers d'appui des voûtes sur les entretoises en fer.	43	45.00	1 935.00	
Rejointoiement du parement vu des voûtes.	2 270^{mq}	1.60	3 632.00	
Béton avec mortier de chaux pour remplissage des reins.	356^{mc}	20.00	7 120.00	
Chape de 0^m.02 d'épaisseur en mortier de ciment. . .	2 230^{mq}	2.50	5 575.00	
Chape en asphalte de 0^m.015 d'épaisseur sous les chaussées.	2 040	6.05	12 342.00	
Chape en asphalte de 0^m.010 d'épaisseur sous les trottoirs.	680	4.20	2 856.00	
Dépenses diverses pour scellements, étayements des parois des fouilles pendant l'exécution des maçonneries et travaux accessoires.	»	»	4 035.00	francs.
Dépense totale pour les maçonneries.	. . . . .	. . . .	. . . . .	296 500
Partie métallique.				
Fers et tôles assemblés et posés (y compris une couche de peinture au minium).	984 500^L	0.59	580 855.00	
Fers tournés pour rouleaux, bielles et entretoises des chariots de dilatation sur les colonnes en fonte. . .	6 860	0.68	4 664.80	
Acier tourné ou raboté pour rouleaux et plaques des chariots sur les colonnes spéciales en fer.	4 220	1.50	6 330.00	
Fonte pour colonnes.	60 200	0.27	16 254.00	
Plus-value pour couler les colonnes debout.	60 200	0.012	722.40	
Fonte rabotée pour plaques d'appui des culées et des chariots de dilatation sur les colonnes en fonte. . .	48 200	0.44	21 208.00	
Plomb employé en feuille sous les colonnes et les plaques d'appui ou en scellements.	9 020	0.88	7 937.60	
Peinture comprenant une deuxième couche de minium et deux couches de gris.	»	»	11 160.00	
Dépenses diverses pour travaux accessoires.	»	»	448.20	
Dépense totale pour la partie métallique. . .	. . . . .	. . . .	. . . . .	649 580
Total général des dépenses pour le pont Brémontier.	. . . . . .	. . . .	. . . . .	856 080

En rapprochant les chiffres des dépenses de ceux des surfaces couvertes mesurées entre les parements vus des culées, nous trouvons les prix de revient ci-après par mètre quarré de surface couverte :

1° Pont de 40 mètres sous les voies de l'Ouest, supposé compris entre deux culées ordinaires :

$$\frac{1\,289\,106^f}{4328^{mq}} = 297^f.80;$$

4

2° Viaduc de 8 mètres sous les voies de l'Ouest, supposé compris entre deux culées ordinaires :

$$\frac{301\,076^f}{1\,042^{mq}} = 288^f.90;$$

3° Pont de 16 mètres sous le carrefour de la porte d'Asnières :

$$\frac{463\,150^f}{1\,680^{mq}} = 275^f.70;$$

4° Pont sous le carrefour des rues Brémontier et Pereire :

$$\frac{856\,080^f}{2\,600^{mq}} = 329^f.30.$$

Il faut remarquer que le deuxième et le troisième ouvrage présentent des développements en largeur ($130^m.25$ pour le deuxième, 105 mètres pour le troisième) qui sont énormes par rapport à leurs ouvertures respectives de 8 mètres et 16 mètres. Si, dans le but de se rapprocher des conditions ordinaires qu'on rencontre en pratique, on les supposait fractionnés chacun en une série d'éléments séparés de 10 mètres environ de largeur, la dépense s'augmenterait pour chacun des éléments d'une somme correspondante à la substitution de deux poutres de tête surmontées de leurs garde-corps à une poutre intermédiaire courante, savoir ;

Pour le viaduc de 8 mètres.

Une poutre de tête pesant les deux-tiers d'une poutre intermédiaire, l'excédant sera :

Poids d'une demi-poutre intermédiaire $\frac{2\,800^k}{2}$, à $0^f.58 = 812$ francs.

Garde corps : $8^m \times 2^m = 16^m$ à 45^f le mèt. . 720 2 332

Chaînes d'angle en pierre de taille. 800

Pour le pont de 16 mètres.

Excédant égal au poids d'une demi-poutre intermé-
diaire $\frac{10\,000^x}{2}$ à. . . . . : $0^f.53 = 2\,650$ ⎫ francs.
Garde corps : $16^m \times 2 = 32^m$ à 45^c le mèt. . . . . . . $1\,440$ ⎬ $5\,290$
Chaînes d'angle en pierre de taille. . . . . $1\,200$ ⎭

La dépense totale du viaduc de 8 mètres supposé décomposé en treize éléments séparés, deviendrait donc :

$$301\,076^f + 2\,332 \times 12 = 329\,060^f.$$

Celle du pont de 16 mètres, supposé décomposé en dix
éléments distincts, deviendrait de même :

$$463\,150 + 5\,290^f \times 9 = 510\,760^f.$$

Mais les surfaces couvertes s'augmenteront en même
temps d'une quantité correspondante aux demi-largeurs des
deux poutres de tête qui termineront chaque élément sé-
paré, savoir :

$$\text{Pour le viaduc } 2 \times 0^m.20 \times 8^m.00 = 3^{mq}.20,$$
$$\text{Pour le pont } 2 \times 0^m.20 \times 16^m.00 = 6^{mq}.40.$$

Les surfaces totales couvertes mesurées entre les bords
extérieurs des poutres de tête, deviendront donc respectivement :

$$\text{Pour le viaduc : } 1\,042^{mq} + 3^{mq}.20 \times 12 = 1\,080^{mq}.40,$$
$$\text{Pour le pont : } 1\,680^{mq} + 6^{mq}.40 \times 9 = 1\,757^{mq}.60.$$

Par conséquent, le prix de revient de ces ouvrages sup-
posés ramenés à une largeur ordinaire de 10 mètres serait :

$$\text{Pour un viaduc de } 8^m \text{ d'ouverture : } \frac{329\,060^f}{1\,080.40} = 304^f.60,$$

$$\text{Pour un pont de } 16^m \text{ d'ouverture : } \frac{510\,760^f}{1\,757.60} = 293^f.90.$$

La grande largeur moyenne ($108^m.20$) de notre pont de
40 mètres est également hors de proportion avec les con-

ditions ordinaires de la pratique, et l'on se rapprocherait davantage de ces conditions en supposant cette énorme largeur fractionnée par portions d'environ 20 mètres, ce qui correspondrait à la moyenne que représente le quatrième ouvrage (pont Brémontier-Pereire).

Le fractionnement en 5 ponts séparés d'environ 10 mètres donnerait lieu pour chacun à un excédant de dépense qu'on peut évaluer comme il suit :

Substitution à une poutre intermédiaire de deux poutres de tête (celles-ci pesant ensemble une fois et demie celle-là), soit un excédant de poids égal à $\dfrac{32\,000^{k}}{2}$, qui à $0^{f}.58$ donne.

	francs.
donne.	9 280
Deux colonnes en plus avec leurs chariots de dilatation.	3 000
Garde-corps $45^{f} \times 40^{m} \times 2^{m}$.	3 600
Chaînes d'angle en pierre de taille.	1.200
Excédant de dépense à compter.	17 080

En même temps la surface couverte s'augmentera de la demi-largeur des poutres de tête ajoutées, soit de

$$2 \times 0^{m}.30 \times 40^{m} = 24^{mq}.$$

La dépense totale deviendra donc :

$$1\,289\,106^{f} + 17\,080^{f} \times 4 = 1\,357\,426^{f},$$

La surface couverte correspondante sera :

$$4\,328^{mq} + 24^{mq} \times 4 = 4\,424^{mq},$$

et le prix de revient par mètre quarré de surface couverte ressortira à

$$\frac{1\,357\,426^{f}}{4\,424} = 306^{f}.80.$$

De la discussion qui précède on peut conclure que, dans le système de construction uniforme que nous avons adopté (tablier métallique avec voûtes en briques) et dans les conditions où nous étions placés (fondations ordinaires de o^m.8o d'épaisseur et hauteur sous poutres variant de 4^m.8o à 5 mètres), le prix de revient de la construction comprenant les maçonneries et la partie métallique (abstraction faite du déblai qu'il convient d'évaluer séparément dans chaque cas particulier) ressort par mètre quarré de surface couverte aux chiffres suivants pour des ouvrages d'ouverture et de dispositions très-variées, savoir :

Viaduc de 8 mètres d'ouverture sur environ 10 mètres de largeur, supportant une couche de ballast de o^m.6o et une surcharge de 5 000 kilogrammes par mètre courant de voie :

3o4^f.6o par mètre quarré.

Pont de 16 mètres d'ouverture sur environ 10 mètres de largeur supportant une chaussée empierrée ou pavée de o^m.35 d'épaisseur, et la surcharge de rouleaux compresseurs de 16 tonnes.

293^f.9o par mètre quarré.

Pont de 4o mètres d'ouverture avec deux files de colonnes intermédiaires et d'une largeur d'environ 20 mètres supportant une couche de ballast de o^m.6o et une surcharge de 5 000 kilogrammes par mètre courant de voie :

3o6^f.8o par mètre quarré.

Pont de forme très-compliquée reposant sur des culées et des colonnes irrégulièrement disposées, présentant une largeur moyenne d'environ 20 mètres et supportant une chaussée de o^m.55 d'épaisseur et la surcharge de rouleaux compresseurs de 16 tonnes :

329^f.3o par mètre quarré.

On voit que tous ces prix de revient oscillent autour du

chiffre de 3oo francs par mètre quarré. Les différences en plus ou en moins correspondent précisément au plus ou moins de charge par mètre quarré imposée au tablier. Ainsi le viaduc de 8 mètres et le pont de 4o mètres supportent une épaisseur de ballast de o^m.6o et la surcharge d'un essieu de locomotive de 12 tonnes, tandis que le pont de 16 mètres ne supporte que o^m.35 d'épaisseur de chaussée et un cylindre de rouleau compresseur de 8 tonnes. Ce dernier ouvrage supporte donc une charge égale aux deux tiers environ de celle imposée aux deux autres, et l'on peut dire que si les trois ouvrages étaient chargés également, leur prix de revient par mètre quarré serait à peu près le même et égal à 3oo francs.

Quant au quatrième pont, dont les formes sont très-compliquées et dont les supports (colonnes et maçonneries) sont disposés d'une façon extrêmement irrégulière, son prix de revient par mètre quarré ne dépasse cependant le chiffre moyen que d'un dixième.

Cet excédant, motivé par les formes extraordinairement compliquées du quatrième ouvrage, est de nature à confirmer plutôt qu'à infirmer la règle expérimentale approximative que nous formulerons comme il suit :

Pour les ponts ou viaducs à construire avec poutres métalliques reliées par des entretoises en fer et des voûtes en briques, le tout recouvert d'une solide chape en asphalte, les fondations se présentant dans des conditions ordinaires (o^m.8o de profondeur) et la hauteur libre sous poutres étant de 4^m.8o à 5 mètres, on obtiendra une évaluation approximative très-convenable des dépenses à faire pour les maçonneries et les fers, quelles que soient l'ouverture et la disposition des supports, pourvu toutefois que celle-ci ne soit pas extraordinairement compliquée, en mesurant simplement la surface couverte comprise entre les parements vus des cu-

lées et les bords extérieurs des poutres de tête et appliquant à la surface ainsi mesurée un coefficient de 300 francs par mètre quarré.

Il faudra en sus tenir compte de la dépense à faire pour les déblais qui seront calculés à part dans chaque cas particulier. S'il y avait en dehors des épaisseurs des culées des portions de murs en aile ou en retour importantes relativement à l'ensemble de l'ouvrage principal, il faudrait aussi les évaluer à part et en sus. Il en serait de même pour les fondations exceptionnelles qui pourraient être nécessaires en sus de l'épaisseur ordinaire de $0^m.80$, et en général pour toutes sujétions spéciales que pourrait présenter l'ouvrage à construire en dehors des conditions ordinaires des ouvrages courants.

S'il s'agit des sujétions résultant de la construction en sous-œuvre sous des voies ferrées en exploitation, nous les avons analysées en détail dans le chapitre Ier de cette note, et nous avons fait voir qu'on peut évaluer l'exédant de dépense à raison soit de 320 francs par mètre courant de voie ferrée comprise entre les arêtes extrêmes du déblai à faire, soit de 120 francs par mètre quarré de la surface à étayer.

Nous n'entendons pas évidemment attribuer à ces règles expérimentales d'autre caractère que celui d'indications approximatives applicables à des évaluations sommaires pour de simples avant-projets. Mais la discussion détaillée que nous avons faite des éléments du prix de revient des ouvrages particuliers décrits, par nous, pourra, croyons-nous, fournir des renseignements utiles, soit pour établir le détail estimatif d'ouvrages analogues, soit pour discuter des évaluations semblables entre les compagnies de chemins de fer, d'une part, et l'État, les départements ou les communes, d'autre part.

C'est dans cet esprit et en faisant toutes réserves au sujet de l'application des données recueillies par nous à des cas qui ne seraient pas absolument semblables, que nous livrons à l'appréciation des ingénieurs des observations qui ont un caractère purement expérimental et qui devront servir plutôt à des comparaisons raisonnées qu'à une généralisation qui pourrait être dangereuse parce qu'elle ne s'appuierait sur aucune théorie.

Paris, le 20 juin 1871.

(Extrait des Annales des ponts et chaussées, tome III, 1872.)

749 — Paris. — Imprimerie Gusset et Cⁱᵉ, rue Racine, 26.

9 782019 993597